足球

那些年我们一起追的球队

冯逸明/主编

台海出版社

图书在版编目（CIP）数据

足球：那些年我们一起追的球队 / 冯逸明主编 .--
北京：台海出版社，2021.2（2024.12 重印）
ISBN 978-7-5168-2889-2

Ⅰ . ①足 ... Ⅱ . ①冯 ... Ⅲ . ①足球运动 - 俱乐部 -
概况 - 欧洲 Ⅳ . ① G843.65

中国版本图书馆 CIP 数据核字（2021）第 024661 号

足球：那些年我们一起追的球队

主　　编：冯逸明

出 版 人：蔡　旭　　　　　　　　　封面设计：冯逸明　牛　涛
责任编辑：员晓博

出版发行：台海出版社
地　　址：北京市东城区景山东街 20 号　邮政编码：100009
电　　话：010-64041652（发行，邮购）
传　　真：010-84045799（总编室）
网　　址：www.taimeng.org.cn/thcbs/default.htm
E － mail：thcbs@126.com

经　　销：全国各地新华书店
印　　刷：小森印刷（北京）有限公司
本书如有破损、缺页、装订错误，请与本社联系调换

开　　本：710 毫米 × 1000 毫米　　　　1/16
字　　数：310 千字　　　　　　　　　印　　张：14
版　　次：2021 年 2 月第 1 版　　　　　印　　次：2024 年 12 月第 9 次印刷
书　　号：ISBN 978-7-5168-2889-2
定　　价：56.00 元

映刻我们青春的足球群像

足球:那些年我们一起追的球队/序

　　纵横宇宙的巴萨、笑傲银河的皇马、仁者无敌的拜仁、红魔叱咤的曼联、永不独行的利物浦、风云激荡的曼城、红黑如魔的 AC 米兰、黑白分明的尤文图斯、还有铁血铿锵的切尔西、蓝黑如梦的国际米兰、钟灵毓秀的多特蒙德、枪手云集的阿森纳……在每一位球迷心中,都有一支属于自己的球队,陪伴自己的青春,并决定钟爱一生。

　　每支球队分别列传,将每支球队的风骨特质、兴衰变迁、荣耀传奇、王牌射手、传奇巨星、经典组合、传奇教练以及最佳阵容都悉数收录,汇聚成一部球队发展史的百科全集。这也是一本能经历时光变迁、永远经典的足球百宝书。

●文/穆东、高辰、西贝林3、秦潇健、陈田、罗锴、何乐、涂笑寒
以上分别为本书撰文作者/排名不分前后
本书所有的荣耀、数据统计均截至到 2020 年底

留住指间的传奇
最佳阵容扑克牌解析名录

　　欧洲五大联赛代表世界足球的最高水准，而其中以西甲、英超、意甲、德甲星光最盛，历史上巨星如云，如果将这四大联赛分别甄选出一套最佳阵容，加上最佳教练以及最佳替补，那么正好是 13 人，扑克的一色正好是 13 张。

　　用扑克的形式来珍藏四大联赛最佳阵容，让那些你曾经追过的球星，成为一种随身的信仰。信手拈来，随便一张，就是一部足以激荡风云的传奇人物。

　　最佳阵容基本上是按后场到前场的顺序，并参考球员的实力、成就以及人气来排定。正所谓众口难调，个别球员的牌号可能与您想象的有所出入，希望能够理解。

A
黑桃A／C罗（西甲）
红桃A／亨利（英超）
梅花A／罗纳尔多（意甲）
方片A／莱万多夫斯基（德甲）

JOKER
大王／马拉多纳（意甲）
小王／齐达内（西甲）

K
黑桃K／梅西（西甲）
红桃K／凯恩（英超）
梅花K／巴蒂斯图塔（意甲）
方片K／盖德·穆勒（德甲）

9
黑桃9／莫德里奇（西甲）
红桃9／吉格斯（英超）
梅花9／托蒂（意甲）
方片9／巴拉克（德甲）

5
黑桃5／拉莫斯（西甲）
红桃5／特里（英超）
梅花5／马尔蒂尼（意甲）
方片5／贝肯鲍尔（德甲）

Q
黑桃Q／劳尔（西甲）
红桃Q／杰拉德（英超）
梅花Q／伊布拉希莫维奇（意甲）
方片Q／罗本（德甲）

8
黑桃8／哈维（西甲）
红桃8／贝克汉姆（英超）
梅花8／古利特（意甲）
方片8／罗伊斯（德甲）

4
黑桃4／卡西利亚斯（西甲）
红桃4／切赫（英超）
梅花4／布冯（意甲）
方片4／诺伊尔（德甲）

J
黑桃J／菲戈（西甲）
红桃J／兰帕德（英超）
梅花J／巴乔（意甲）
方片J／里贝里（德甲）

7
黑桃7／伊涅斯塔（西甲）
红桃7／范戴克（英超）
梅花7／皮尔洛（意甲）
方片7／胡梅尔斯（德甲）

3
黑桃3／格里兹曼（西甲）
红桃3／德罗巴（英超）
梅花3／皮耶罗（意甲）
方片3／托马斯·穆勒（德甲）

10
黑桃10／罗纳尔迪尼奥（西甲）
红桃10／德布劳内（英超）
梅花10／普拉蒂尼（意甲）
方片10／马特乌斯（德甲）

6
黑桃6／卡洛斯（西甲）
红桃6／费迪南德（英超）
梅花6／萨内蒂（意甲）
方片6／拉姆（德甲）

2
黑桃2／瓜迪奥拉（西甲）
红桃2／弗格森（英超）
梅花2／安切洛蒂（意甲）
方片2／海因克斯（德甲）

西甲联赛
La Liga

皇家马德里 / 巴塞罗那 / 马德里竞技

三　大　豪　门

LaLiga

LaLiga

西班牙甲级联赛
伊比利亚半岛的三国志

西班牙足球甲级联赛，简称西甲，成立于1928年，现有参赛球队20支。西甲球队共获得过18座欧冠奖杯，可谓欧洲所有联赛之最。

西甲联赛从不缺乏巨星与豪门，也是出产金球奖与世界足球先生最多的联赛。

西甲联赛的主旋律从以前皇马与巴萨的"二人转"，到如今（加上马德里竞技）的三足鼎立，从来都是豪门寡头主宰的世界。西甲历史上夺得联赛冠军次数最多的球队分别是皇马（34次）、巴萨（26次）和马德里竞技（10次），也说明三足鼎立的历史传承。

〈西甲20强名单：2020/2021赛季〉

毕尔巴鄂竞技	马德里竞技	奥萨苏纳	韦斯卡
阿拉维斯	巴塞罗那	赫塔菲	格拉纳达
莱万特	皇家巴拉多利德	皇家维戈塞尔塔	卡的斯
埃尔切	皇家贝蒂斯	皇家马德里	皇家社会
埃瓦尔竞技	塞维利亚	瓦伦西亚	比利亚雷亚尔

西甲联赛冠军榜（21世纪）

冠军球队	赛季
皇马	2000/2001
瓦伦西亚	2001/2002
皇马	2002/2003
瓦伦西亚	2003/2004
巴萨	2004/2005
巴萨	2005/2006
皇马	2006/2007
皇马	2007/2008
巴萨	2008/2009
巴萨	2009/2010
巴萨	2010/2011
皇马	2011/2012
巴萨	2012/2013
马竞	2013/2014
巴萨	2014/2015
巴萨	2015/2016
皇马	2016/2017
巴萨	2017/2018
巴萨	2018/2019
皇马	2019/2020

国家德比：皇马 VS 巴萨

　　皇马和巴萨是西班牙最老牌、最顶级的两支俱乐部。两大劲旅无论球队风格还是地域属性都截然不同：一个是代表首都马德里的球队，另一个则是代表加泰罗尼亚的球队，两支泾渭分明的球队在历史的对决中积累了很深的恩怨。

　　皇马对阵巴萨，是世界级豪门的强强对决，也是西班牙国内最隆重的体育赛事。每场"德比"都吸引了数以亿计的球迷观战，每场"德比"都能迸发出火星撞地球般的巨大能量。

皇马档案

● 皇家马德里足球俱乐部
　Real Madrid Club de Fútbol
● 绰号：银河战舰
● 主场：伯纳乌球场
● 所属地区：西班牙马德里市
● 成立时间：1902年3月6日
● 队歌：《加油！马德里》
● 德比对手：巴萨（国家德比）
　马竞（同城德比）

银河战舰
皇家马德里
REAL MADRID CLUB DE FÚTBOL

白金为甲，银河展翼，一个如梦如幻的巍峨宫阙如峰矗立。繁星璀璨，战舰游弋，一个纵横捭阖的白衣军团所向披靡。

13次欧冠问鼎、34次西甲折桂、近120载的豪门史诗。奢华、绚丽的伯纳乌，从不缺乏灿若银河的英雄史诗、鳞次栉比的荣耀奖杯、不胜枚举的传奇华章。

迪·斯蒂法诺、普斯卡什、劳尔、齐达内、罗纳尔多、卡西利亚斯、拉莫斯、C罗、贝尔、莫德里奇……繁星如许，他们联袂而来，缔造一个个伟大的盛世：从"创世五冠王"到"五鹰齐飞"，到"银河七星"，再到"BBC"时代……

因一袭白衣，点亮了整个银河；因一副清俊，迷倒了万千众生。撷一抹伯纳乌的纯白为甲，化作马德里穹顶那漫天繁星。

每一位"美凌格"（意指皇马球迷）心中都有一曲《Hala Madrid》，每一次伯纳乌都会上演新的动人诗篇！"我们逆风高歌，只为捍卫你那高贵的纯白、捍卫胜利与尊严，加油马德里！"

纵横百年，天下无双的顶级豪门，皇马的伟大无须赘言。星光闪耀的银河战舰，每次启航，都足以名动天下……

● "皇家马德里"在（除主标题外的）文章与标题中均简称"皇马"。

圣地亚哥·伯纳乌球场

　　皇马主场伯纳乌位于马德里市查马丁地区的卡斯蒂利亚大道上，原名为新查马丁球场。1955年为了纪念前皇马主席圣地亚哥·伯纳乌，球场以其名字命名。此球馆一度曾容纳120000人，为了安全起见，最终容纳人数确定为81044人。2000年后，球场进行第四次升级，不仅扩建了球场东侧，还完成了台上的供暖系统、各种餐厅设施以及通道中的自动扶梯等现代化项目。

　　作为欧洲足联五星级足球场，伯纳乌成为无数"美凌格"心中最负盛名的足球圣殿。

皇马历史总出场榜

球员	位置	总出场
劳尔·冈萨雷斯	前锋	741场
伊卡斯·卡西利亚斯	门将	725场
曼努埃尔·桑奇斯	后卫	710场
塞尔吉奥·拉莫斯	后卫	668场
桑蒂拉纳	前锋	645场
费尔南多·耶罗	后卫	601场
弗朗西斯科·亨托	中场	601场
何塞·卡马乔	后卫	577场
何塞·马丁内斯·桑切斯	中场	567场
米格尔·冈萨雷斯	中场	559场

皇马历史总射手榜

球员	国籍	总进球
C.罗纳尔多	葡萄牙	450球
劳尔·冈萨雷斯	西班牙	323球
迪·斯蒂法诺	阿根廷	308球
桑蒂拉纳	西班牙	290球
卡里姆·本泽马	法国	248球
普斯卡什·费伦茨	匈牙利	242球
乌戈·桑切斯	墨西哥	208球
弗朗西斯科·亨托	西班牙	182球
马丁内斯·桑切斯	西班牙	172球
埃米利奥·布特拉格诺	西班牙	171球

13
十三届欧冠联赛冠军

02
两届欧洲联盟杯冠军

04
四届欧洲超级杯冠军

34
三十四届西甲联赛冠军

19
十九届国王杯冠军

11
十一届西班牙超级杯冠军

03
三届洲际杯冠军

04
四届世俱杯冠军

皇马欧冠冠军榜

冠军数	夺冠赛季
13次	1955/1956、1956/1957、1957/1958、1958/1959、1959/1960、1965/1966、1997/1998、1999/2000、2001/2002、2013/2014、2015/2016、2016/2017、2017/2018

皇马西甲冠军榜

冠军数	夺冠赛季
34次	1931/1932、1932/1933、1953/1954、1954/1955、1956/1957、1957/1958、1960/1961、1961/1962、1962/1963、1963/1964、1964/1965、1966/1967、1967/1968、1968/1969、1971/1972、1974/1975、1975/1976、1977/1978、1978/1979、1979/1980、1985/1986、1986/1987、1987/1988、1988/1989、1989/1990、1994/1995、1996/1997、2000/2001、2002/2003、2006/2007、2007/2008、2011/2012、2016/2017、2019/2020

1902 年 3 月 6 日，马德里足球俱乐部正式成立。1920 年 6 月 29 日，时任西班牙国王的阿方索十三世把"Real"一词加于俱乐部名前，以此来推动足球在首都马德里市的发展，从此，俱乐部正式更名为皇家马德里俱乐部。

在皇马俱乐部成立后的 20 多年里，仅仅夺得两个西甲联赛冠军，而随着圣地亚哥·伯纳乌在 1941 年成为皇马主席，一个空前绝后的"伯纳乌时代"开启了……

1953 年，伯纳乌主席为皇马签下历史第一位传奇巨星——迪·斯蒂法诺。此后，随着亨托、马特奥斯等天才球员的到来，皇马夺得了 1954 年的西甲联赛冠军。

1955 年，新查马丁体育场正式更名为圣地亚哥·伯纳乌球场。1956 年，皇马在首届欧洲冠军联赛的决赛中即以 4 比 3 击败朗斯，成为首届欧洲冠军杯的冠军得主，从此便君临天下。1956 年至 1960 年间，皇马在欧洲冠军杯上夺得五连冠，垄断了这项赛事的头五个冠军，一举奠定其"天下第一豪门"的历史地位。

1958 年，匈牙利球王普斯卡什的到来具有划时代的意义，他与迪·斯蒂法诺联手在 1960 年冠军杯决赛中打进 7 球，皇马 7 比 3 战胜德国法兰克福队。

然而盛极必衰，皇马欧冠五连霸之后走向衰落。1964 年，伯纳乌失去了当时已 38 岁的传奇巨星斯蒂法诺。1963 年至 1973 年的十年间，"没落豪门"皇马依旧收获了 5 座联赛冠军、1 个国王杯和 1 个欧洲冠军奖杯。

1978 年 6 月 2 日，83 岁的伯纳乌主席因为癌症而与世长辞，伟大的伯纳乌时代落下帷幕。1979 年，皇马开始进入另一个时代，南斯拉夫人博斯科夫开始执教皇马，他带队的第一年便取得"双冠王"，但第二个赛季在他执教下的皇马三线溃败，两手空空。

1986 年荷兰人本哈克成为皇马主教练，麾下的"皇马五鹰"——埃米利奥·布特拉

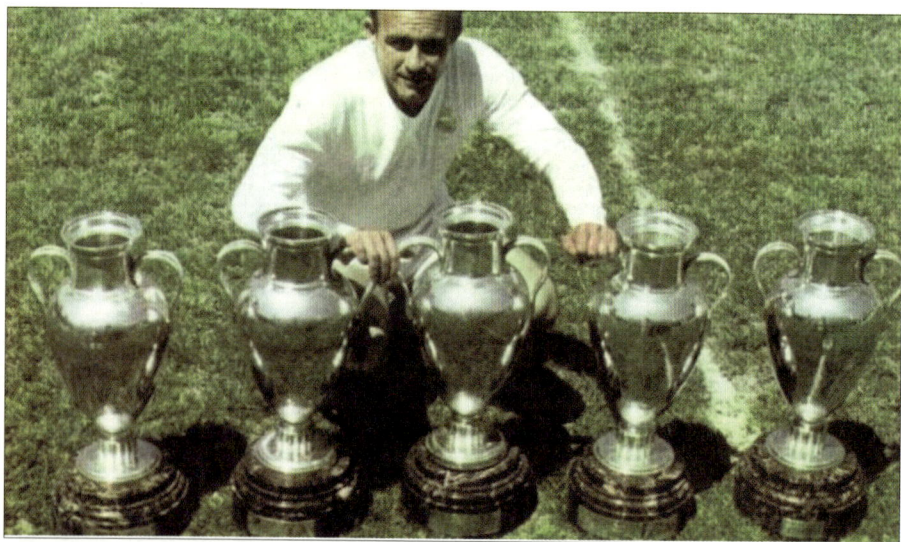

格诺、米歇尔·冈萨雷斯、曼努埃尔·桑奇斯、马丁·巴斯克斯和米格尔·帕德萨，是那个时代最为恐怖的进攻组合。球队在"皇马五鹰"的率领下，连续包揽了5个赛季的西甲冠军。

随着"皇马五鹰"时代的落幕，皇马再次陷入小小的低潮期。整个20世纪90年代前半段的西甲被克鲁伊夫麾下的巴萨"梦之队"所统治，直到1994年，回归皇马的阿根廷主帅豪尔赫·巴尔达诺提拔了年轻的劳尔·冈萨雷斯，情况才得以好转。

1994年10月29日，17岁零124天的劳尔在皇马客场挑战萨拉戈萨的比赛中首发出场。

那个赛季劳尔一共为皇马打进9球，并随皇马夺得西甲联赛冠军，当选西甲最佳新人。就这样帅气阳光的"金童"劳尔，在伯纳乌驰骋了16年。

1995年1月7日，在伯纳乌球场，萨莫拉诺上演了"帽子戏法"，率领皇马以5比0大胜巴萨，那个赛季，皇马收获了旁落4年的西甲联赛冠军。

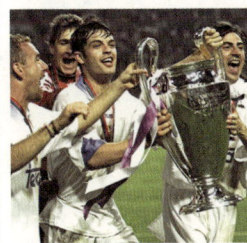

1996年，法比奥·卡佩罗开始执教皇马，这位性格强硬的意大利人率领球队击败了拥有罗纳尔多的巴萨，再次夺回西甲冠军。虽然取得不俗战绩，但卡佩罗与皇马队中众多大牌球星的关系僵化，只得挂冠而去。

1998年，皇马和尤文图斯会师冠军杯决赛，最终米亚托维奇的进球帮助皇马获胜，球队历史上第7次捧起欧冠冠军奖杯。

1998年和2000年，皇马两夺欧冠冠军，为历史上第三个辉煌时代的开启做足了铺垫。

2000年，建筑大鳄弗洛伦蒂诺·佩雷斯也成为皇马历史上第14位主席。从此，皇马进入一个弗洛伦蒂诺的"银河战舰"时代。

弗洛伦蒂诺以 5610 万美元创纪录的价格从"死敌"巴萨手中挖走"金球先生"路易斯·菲戈，这位金球先生与劳尔、耶罗一起率领皇马赢得 2000/2001 赛季西甲联赛冠军。

2001 年 7 月，齐达内以 6450 万美元的转会费加盟皇马，打破菲戈的纪录，皇马同时拥有世界上身价最高的两位金球先生。2002 年欧冠决赛对阵勒沃库森，齐达内宛如天外飞仙，用一粒半转身凌空抽射破门，将比分定格为 2 比 1，皇马第 9 次夺得欧洲冠军杯冠军。

皇马用两座超级杯、一座冠军杯和一座丰田杯为俱乐部的百年献礼。

继菲戈和齐达内之后，主宰了 2002 年世界杯的罗纳尔多也在当年夏天从国际米兰转会到皇马，群星璀璨的皇马也夺得了历史上第 29 座西甲冠军。

2003 年夏天，贝克汉姆从曼联转会皇马，"银河战舰"此时达到鼎盛，成为"世界上最富有"的足球俱乐部，并夺下联赛冠军和超级杯。此后，"银河战舰"乘风破浪、扬帆远航，西甲联赛冠军、西班牙超级杯冠军、欧洲超级杯冠军、洲际杯冠军都被他们收入囊中。

2005 年，菲戈转会至国际米兰。2006 年世界杯之后，齐达内宣布挂靴。2007 年初罗纳尔多转会至 AC 米兰，在该赛季皇马再次捧得西甲联赛冠军之后，贝克汉姆也转战美国大联盟，"银河战舰 I"时代就此落下帷幕。

2009 年，弗洛伦蒂诺第二次成为皇马主席，他耗费巨资引进 C 罗、卡卡、卡里姆·本泽马，开启"银河战舰 II"时代。

2010 年夏天，皇马送走功勋队长劳尔，挖来萨米·赫迪拉和安赫尔·迪马利亚。皇马组成了一支众星云集的豪华之师，但他们还需要一位能将众多天才捏合到一起的教练。

2010 年 6 月，刚刚率

领国际米兰完成"三冠王"伟业的何塞·穆里尼奥高调入主伯纳乌。虽然当时巴萨雄霸西甲，但穆里尼奥依然率领皇马取得不俗的战果。

2011/2012 赛季，"银河战舰 II"在那个赛季终结巴萨的西甲联赛三连冠，皇马不仅以 121 粒进球创造西甲单赛季进球纪录，还创造西甲历史百分夺冠纪录。穆里尼奥已经基本形成了皇马新风格和体系，华丽流畅的快速反击，水银泻地般的快攻配合，那支曾经华丽优雅的"白衣战队"又回来了。

穆里尼奥执教的皇马基本上是"4231"阵形，两名边锋迪马里亚和 C 罗不断换位冲击，拉莫斯前插助攻，马塞洛在左边路快速突破。那时的 C 罗进球如麻，卡卡长驱疾进。迪马里亚在 2011/2012 赛季送出 13 次助攻，成为西甲助攻王。

在经历过西甲联赛夺冠的喜悦和折戟欧冠决赛的遗憾后，穆里尼奥掌舵"银河战舰 II"先后不敌多特蒙德和马竞，接连折戟两项杯赛。皇马对这位"魔力鸟"教练极其不满，加上更衣室的裂痕，最终穆里尼奥黯然下课，结束了他带领皇马挑战巴萨霸权的使命。

弗洛伦蒂诺一心期盼皇马早日夺得第 10 座欧冠冠军奖杯，他请来意大利名帅卡尔洛·安切洛蒂执教皇马，并且在夏窗砸出惊人的 9100 万欧元，以历史第二高身价从热刺队挖来强力边锋加雷斯·贝尔，与本泽马、C 罗一同构成华丽的"BBC"攻击组合。

在安切洛蒂的执教下，皇马高歌猛进，虽然在西甲联赛中由于马竞的强势崛起而遗憾失冠，但一旦涉足欧冠赛场，"银河战舰 II"便无人能敌。

皇马在半决赛以 4 比 0 血洗上届冠军拜仁，时隔 12 年再次杀进欧冠决赛，而他们的对手正是同城死敌马竞。2014 年 5 月 24 日欧冠决赛，"马德里双雄"展开殊死对决。

马竞中后卫戈丁头球破门得手，让"床单军团"得以一球领先进入下半场。

皇马直到比赛伤停补时阶段，才由尔吉奥·拉莫斯头槌入网！这一"绝平球"让皇马看到曙光。加时赛贝尔奋力顶球入网，皇马由此锁定胜局，夺得队史第10个欧冠冠军。

一个月前，也是贝尔在左路长途奔袭打进的一粒绝杀球，帮助皇马以2比1力克巴萨夺得国王杯冠军。

2014/2015赛季，皇马虽然取得一波22连胜，但后继乏力，未能卫冕欧冠和重夺西甲联赛冠军。

2016年1月4日，齐达内临时"救火"，接任皇马主帅。当时没有人能想到，这位拥有辉煌球员履历的"菜鸟"教练会将皇马再次推到欧洲之巅。

齐达内重用卡塞米罗，减轻克罗斯和莫德里奇的防守任务，使得中场攻守更加平衡，最终皇马获得该赛季西甲联赛的亚军。

皇马在欧冠决赛再次面对德比对手马竞，90分钟内打成1比1平。通过点球大战，皇马最终以5比3战胜马竞，夺得队史上第11座欧冠联赛冠军。

2016年8月10日，欧洲超级杯决赛，在补时第3分钟，拉莫斯再度头球扳平比分。

加时赛，凭借丹尼尔·卡瓦哈尔的进球，皇马第3次捧起超级杯。上任仅仅半年，齐达内便夺得两项大赛冠军。

2016/2017赛季，皇马的"433"阵形运用得炉火纯青，力压巴萨，夺得2016/2017赛季西甲冠军。

2018年5月27日，基辅奥林匹克体育场，欧冠决赛第51分钟，利物浦门将洛里斯·卡里乌斯手抛球失误，本泽马伸脚挡进球门左下角。

利物浦4分钟后由萨迪奥·马内扳平比分，下半场第61分钟贝尔换下伊斯科，仅3分钟后，马塞洛左路斜传，贝尔在门前12米处左脚倒钩入左下角，皇马2比1领先。

第83分，马塞洛左路转移，贝尔右侧距门28米处左脚打出落叶球，卡里乌斯近门柱接球意外脱手漏进门内。皇马最终以3比1击败利物浦，实现欧冠三连冠的霸业。

在巅峰引退，也许是智者的选择。2018年5月31日，齐达内挂印辞帅。

2018年7月10日，C罗也以1.05亿欧元的转会费驾临尤文图斯，自此率

领皇马走出低谷，达到极限巅峰的伯纳乌第一射手留下了一个永恒的背影。"绝代双骄"十年争霸也告一段落。

C罗为皇马效力438场比赛，贡献了450粒进球，拿到4个欧冠冠军、11座冠军奖杯后，转身离去，留下的是一段不可复制的光辉岁月。C罗和齐达内的离去似乎带走了皇马的灵魂，这对师徒彼此惺惺相惜的场景或许还会上演，但可惜伯纳乌再也无法见证。

2018/2019赛季的皇马无疑是失败的，他们创造了连续409分钟不进球的尴尬纪录，与巴萨的"国家德比"中惨遭1比5的大比分失利，该赛季最终"四大皆空"。

2018/2019赛季皇马只打进了63粒联赛进球，而之前三个赛季他们的进球数分别为94粒、106粒和110粒。C罗离队后，似乎无人能擎起皇马进攻的大旗。

由于战绩惨淡，无奈之下的弗洛伦蒂诺在2019年3月重新聘请齐达内出山。

2019年夏天，皇马签下埃登·阿扎尔来弥补C罗离去的损失。可惜阿扎尔饱受伤病困扰，皇马整个2019/2020赛季只进了70粒球，依然"锋无力"。好在皇马依靠出色的防守，依然夺得西甲联赛冠军，这也是队史的第34个西甲冠军。

在欧冠赛场，阵容单薄的皇马以小组第二名的身份出线，在1/8决赛上碰到强大的曼城。两轮战罢，皇马以总比分2比4不敌曼城，止步16强。

虽然现在的"银河战舰"没有延续欧冠历史的辉煌，但我们以史为鉴就会发现，这支球队一定会以最快的速度，以最多的冠军回到大家面前。

皇马人无须辩解什么，球队荣誉室里快摆不下的奖杯，自然就是球队成绩最有力的证明。皇马人无须证明什么，从迪·斯蒂法诺到乌戈·桑切斯，从劳尔，再到C罗，一位位白衫巨星的身影，构筑了"伯纳乌王朝"的坚固城墙。

代表皇马出场

438

代表皇马进球

450

C罗

皇马王牌射手

CRISTIANO
RONALDO

近十年的皇马时光，C罗始终如战神般驰骋。他率领皇马四夺欧冠冠军、两夺西甲冠军，其他荣誉更是不胜枚举。而C罗本人也荣耀满载：六获欧冠最佳射手，四夺金球奖，两次荣膺世界足球先生。在皇马"欧冠十六郎"时入主伯纳乌，在欧冠三连冠巅峰时悄然离去，C罗留下了一位伟大球员所能贡献的一切。

九个赛季C罗打进450粒进球，毫无悬念地荣膺皇马历史最佳射手，C罗率领皇马横扫六合、平定八荒，他也成为皇马公认的王牌。

代表皇马出场

741

代表皇马进球

323

劳尔

皇马传奇巨星

RAUL
GONZALEZ

16 年激情澎湃的白银岁月，16 座熠熠生辉的冠军奖杯，荣耀和进球已经无法诠释劳尔的伟大，他已经成为皇马的旗帜、伯纳乌永远的王子。

拥有惊人的反应能力以及猎豹般的出击速度，卡西利亚斯成为伯纳乌的守护神，他是"银河战舰"最为坚固的机甲，"圣卡西"曾令无数伟大前锋黯然失色。

代表皇马出场

725

连续零封对手（分钟）

952

卡西利亚斯

皇马传奇巨星

IKER
CASILLAS

皇马经典组合/皇马五鹰

布特拉格诺+冈萨雷斯+帕德萨+巴斯克斯+桑奇斯

1981年，五位出自皇马青训营的小伙子翻开了皇马历史的新篇章，他们被球迷亲切地称为"皇马五鹰"。他们之中，有视进球为生命的"鹰王"埃米利奥·布特拉格诺、极富创造力的中场灵魂米歇尔·冈萨雷斯、任劳任怨的前卫米格尔·帕德萨，以及拥有超一流突破能力的飞翼马丁·巴斯克斯，还有能攻善守的曼努埃尔·桑奇斯。

从1986年开始，荷兰人莱奥·本哈克成为皇马主教练，麾下的"皇马五鹰"成为当时火力超强的进攻组合，他们也被誉为"皇马皇冠上的五颗珍珠"。在"皇马五鹰"的共同努力下，皇马包揽了从1986年到1990年连续五个赛季的西甲冠军，实现了俱乐部历史上第二次联赛"五连冠"（第一次是1960年到1964年）。

人们不会就此淡忘翱翔在伊比利亚半岛上空的"五只雄鹰"，他们为这支"白衣军团"重新注入了顽强和血性，他们让皇家马德里的青训传统得以发扬光大。

皇马经典组合/七星连珠

菲戈+齐达内+罗纳尔多+贝克汉姆+卡洛斯+欧文+劳尔

2000年夏天，皇马以创当时转会费纪录的5610万美元将菲戈从"死敌"巴萨招致麾下。一年后，皇马再以6450万美元的天价从尤文图斯引进齐达内。2002年夏天，"外星人"罗纳尔多来到伯纳乌。2003年夏天，大卫·贝克汉姆转会皇马。2004年，"金童"迈克尔·欧文也前来加盟。自此，"一年一巨星"的引援计划尘埃落定。菲戈、齐达内、罗纳尔多、贝克汉姆、罗伯托·卡洛斯、欧文，加上"伯纳乌王子"劳尔，七大巨星齐聚伯纳乌，"七星连珠"的皇马"银河战舰I"正式启航，开始了一共为期三个赛季的"银河之旅"。

皇马虽有七大巨星坐镇，但战绩却不理想，除了商业上的丰收外，只有两个伯纳乌杯进账。盛名之下的皇马无法接受如此巨大的落差，"七星连珠"从2006年开始逐步解体。

皇马经典组合 / "BBC"

本泽马 + 贝尔 + C罗

2013年夏天，贝尔来到伯纳乌，"BBC"组合正式合体。

"B"本泽马（Benzema）：成名已久的天才球员，飘逸的跑位令对手防不胜防，精湛的射术无时无刻不在威胁着对手的大门，而他出色的策应能力令身边的队友如虎添翼。

"B"贝尔（Bale）：能够胜任左路的任何位置，速度奇快，爆发力强，过人技术出色，善于传中和内切射门，进攻方式几无死角，最后时刻也屡屡上演单骑救主的好戏。

"C"C罗（Cristiano Ronaldo）：带球速度极快，善于突破和射门，拥有强悍的身体素质。C罗几乎精通各种射术、抢点头球更具威力，是当今世界足坛最出色的射手之一。

2013/2014赛季，"BBC"组合横扫欧罗巴，各项比赛联袂斩获97球。其中C罗打进57球，本泽马打进24球，贝尔打进22球。三人包办了皇马66%的进球。

2014/2015赛季，"BBC"组合依旧无解，三人合计打进100球，C罗61球、本泽马22球、贝尔17球。接下来的三个赛季，"BBC"组合合计分别攻入98球、70球、78球，率领皇马豪取欧冠三连霸，缔造一个前所未有的"银河盛世"。

2018年夏天，C罗转会到尤文图斯，贝尔也因伤病不断渐渐淡出视线，名动一时的"BBC"组合也成为每一位皇马球迷心中永恒的美好回忆。

皇马经典组合 / 铁三角

莫德里奇 + 卡塞米罗 + 克罗斯

2014/2015赛季，巴西后腰卡塞米罗回到伯纳乌，与卢卡·莫德里奇、托尼·克罗斯共同组成了一条攻守兼备的豪华中场线。在这对完美中场组合的支撑下，C罗领军的皇马越战越勇，他们势如破竹，一举夺得了2015/2016赛季的欧冠联赛冠军，并在之后的两个赛季完成了欧冠改制后史无前例的"三连冠"伟业。

时至今日，莫德里奇、卡塞米罗和克罗斯，三人共计为皇马出战了441场西甲联赛，一共奉献了40粒进球和72次助攻。除了欧冠"三连冠"外，携手共进的三人还为皇马夺得了两座西甲联赛、一座西班牙超级杯、两座欧洲超级杯，以及两座世俱杯的冠军。

皇马最佳阵容
REAL MADRID

皇马历史上从不缺乏巨星，"银河战舰"一直走的都是"巨星之路"，从迪·斯蒂法诺、普斯卡什，到"五鹰时代"，到"银河一期"的七星聚首，再到贝尔、本泽马、C罗的"BBC"。

门将 / GK
伊戈尔·卡西利亚斯

卡西利亚斯作为皇马最坚固也是最后一道防线，屡次用世界级的扑救来挽救球队，被尊称为"圣卡西"。他镇守皇马球门多达725场，排在队史出场榜的第二位。

左后卫 / DL
罗伯特·卡洛斯

卡洛斯作为足坛历史上最优秀的左后卫之一，效力皇马11年。他拥有一脚势大力沉的远射、出众的奔跑能力、极强的助攻欲望，以及高超的任意球水准。

中后卫 / DC
费尔南多·耶罗

耶罗是皇马的铁血队长，也是位全能战士。他从中锋到后腰再踢到中后卫，无论位置如何改变，他都能成为全队的指挥官。此外，耶罗还是球队的精神支柱。

中后卫 / DC
马诺洛·桑奇斯

桑奇斯是"皇马五鹰"中唯一一位在伯纳乌度过整个职业生涯的球员，他效力皇马长达18年。其间随队获得8届西甲冠军，2届欧冠冠军，他就是一个时代的见证者。

右后卫 / DR
塞尔吉奥·拉莫斯

从加盟皇马时的青葱少年，到如今的旗帜人物，拉莫斯的凶悍、坚毅和自信都是皇马登顶的关键因素。拉莫斯还屡次力挽狂澜破门得分，他是名副其实的"带刀护卫"。

后腰 / DM
卢卡·莫德里奇

莫德里奇球风潇洒且能攻善守，能胜任前腰、后腰的位置。在皇马欧冠三连冠时期，作为大脑和节拍器的他，为球队做出不可磨灭的贡献，而他也打破了"梅罗"垄断十年的金球奖。

中前卫 / MC
齐内丁·齐达内

齐达内在2001年高价加盟皇马，也正是在他的率领下，"银河一期"的皇马取得冠军大满贯。退役后的他作为皇马教练，取得的成就更加辉煌，率领皇马获得欧冠三连冠。

中前卫 / MC
弗朗西斯科·亨托

亨托是20世纪20年代最优秀的中场球员之一。自1953年加盟皇马后，与斯蒂法诺、普斯卡什一起创造皇马的辉煌时代。亨托效力皇马18年，出场601场，打进182球。

前锋 / ST
克里斯蒂亚诺·罗纳尔多

C罗是皇马历史最伟大的前锋，他的进球帮助皇马获得无数荣誉，而自己也"黄袍加身"。他是皇马历史射手王，在429场比赛里总共进450球，比第二名劳尔多出130球。

中锋 / CF
阿尔弗雷多·迪斯蒂法诺

"金箭头"迪斯蒂法诺曾被评为皇马百年最佳球员，他代表皇马首战便完成"帽子戏法"，对手正是巴萨。在他为皇马效力11年间，共参加396场比赛，进308个球。

前锋 / ST
劳尔·冈萨雷斯

从1994年到2009年，劳尔将青春全部奉献给"白衣军团"。当他转身离开，也将一切刻下永恒。那些冠军和进球已无法诠释劳尔的伟大，他已经是伯纳乌永远的王子。

阵形 4-3-3

● 2016—2018年、2019年至今执教皇马 231场153胜46平32负

皇马最佳教练

齐内丁·齐达内

作为教练，齐达内率队夺得欧冠三连冠，堪称惊艳。他的执教风格没有鲜明特点，但攻守平衡，掌控中场，反击锐利。因为拥有伟大的球员履历，让这位"玄学"大师能震慑并驾驭皇马群星，如臂使指，布阵破敌。

巴萨档案

● 巴塞罗那足球俱乐部
  Fútbol Club Barcelona
● 绰号：红蓝军团、宇宙队
● 主场：诺坎普球场
● 所属地区：西班牙巴塞罗那市
● 成立时间：1899 年 11 月 29 日
● 队歌：《巴萨颂》
● 德比对手：皇马（国家德比）、
         西班牙人（加泰罗尼亚德比）

宇宙队
巴塞罗那
FÚTBOL CLUB BARCELONA

这支从诺坎普启航的"宇宙队",奉行着技术制霸的足球哲学,他们细腻灵动而又珠联璧合。

从"梦一队"到"梦四队"的迭代蜕变,巴萨斩获荣耀无数,他们先后26次问鼎西甲,5次登峰欧冠,并曾完成"六冠王"伟业。回首巴萨的浩瀚历史,追忆那连绵如峰、气象万千的王朝迭代,发现加泰罗尼亚缔造的是:高山仰止的史诗群像;天下无双的璀璨星团;独步古今的流光溢彩……

他们将技术升华成为艺术;将神奇写就成传奇;将盖世荣耀凝结成闪烁在诺坎普球场上空的颗颗明珠,串联在一起,瑰玮奇丽,便成为一个伟大王朝的无双轨迹……

红色像西班牙,热烈而奔放,时刻都可能迸发出非凡的艺术创造力;蓝色如地中海,忧郁而沉静,理性到刻板的战术雕琢。

两种色彩交织在一起时,便成为巴萨球衣上的颜色,这支球队既有天马行空的个人巨星创造力,又有珠联璧合的团队协作性。克鲁伊夫、马拉多纳、罗纳尔迪尼奥、普约尔、哈维、伊涅斯塔、梅西、内马尔、苏亚雷斯……抬手落笔,每一笔便勾勒出光彩熠熠的梦幻巨星。转折铺陈,每一段都是这座足球圣殿跨越120年的"红蓝"印记。

● "巴塞罗那"在(除主标题外的)文章与标题中均简称"巴萨"。

诺坎普球场

巴萨的主场诺坎普球场建设始于1954年3月28日，"诺坎普"是加泰罗尼亚语，意思是新球场。球场在1982年进行扩建，现能容纳109815名观众。诺坎普体育场最显著的特点是内部的看台座位上砌成了一句加泰罗尼亚语，"Més que un club"，此句为巴萨俱乐部的座右铭，英文是"More than a club"，中文译作"不仅仅是一家俱乐部"。

巴萨历史总出场榜

球员	位置	总出场
哈维	中场	767场
里奥·梅西	前锋	748场
安德雷斯·伊涅斯塔	中场	674场
塞尔吉奥·布斯克茨	中场	595场
卡尔斯·普约尔	后卫	593场
杰拉德·皮克	后卫	553场
米盖利·贝尔纳多	后卫	549场
维克托·巴尔德斯	门将	535场
卡雷斯·雷克萨奇	中场	449场
吉列尔莫·阿莫尔	中场	421场

巴萨历史总射手榜

球员	国籍	总进球
里奥·梅西	阿根廷	643球
塞萨尔·罗德里格斯	西班牙	232球
路易斯·苏亚雷斯	乌拉圭	198球
拉迪斯劳·库巴拉	匈牙利	194球
何塞普·萨米蒂尔	西班牙	184球
何塞普·伊斯科拉	西班牙	167球
保利诺·阿尔坎特拉	菲律宾	143球
萨穆埃尔·埃托奥	喀麦隆	130球
里瓦尔多	巴西	130球
马里亚诺·马丁	西班牙	128球

巴萨荣誉榜

05 五届欧冠联赛冠军

04 四届欧洲优胜者杯冠军

05 五届欧洲超级杯冠军

26 二十六届西甲联赛冠军

30 三十届国王杯冠军

13 十三届西班牙超级杯冠军

03 三届世俱杯冠军

巴萨欧冠冠军榜
冠军数　夺冠赛季
5次　1991/1992、2005/2006、2008/2009、
2010/2011、2014/2015

巴萨西甲冠军榜
冠军数　夺冠赛季（年份）
26次　1929、1944/1945、1947/1948、1948/1949、
1951/1952、1952/1953、1958/1959、1959/1960、
1973/1974、1984/1985、1990/1991、1991/1992、
1992/1993、1993/1994、1997/1998、1998/1999、
2004/2005、2005/2006、2008/2009、2009/2010、
2010/2011、2012/2013、2014/2015、2015/2016、
2017/2018、2018/2019

巴塞罗那足球俱乐部，简称巴萨，位于西班牙加泰罗尼亚地区，他们坚持"Tiki-taka"的比赛风格，进攻如水银泻地、行云流水，以其出神入化的传控配合而名震天下。

1899 年，瑞士企业家汉斯·甘伯来到巴塞罗那，由于酷爱足球（曾效力于瑞士巴塞尔队），甘伯在同年的 11 月 28 日，创建巴塞罗那足球俱乐部。

巴萨成为西班牙国内发展足球运动的先驱者。在 1910 年至 1913 年这四个赛季间，俱乐部赢得无数荣誉，包括西班牙国王杯以及四个比利牛斯杯。

巴萨迅速壮大，在西班牙甲级联赛成立后的第一个赛季（1928/1929），巴萨拿下 25 分，以 2 分优势力压皇马，获得首届西甲联赛冠军。

1944 年，约瑟普·萨米蒂埃执教巴萨，赢得了 1944/1945 赛季西甲联赛冠军，这是自 1929 年以来球队首个西甲联赛冠军。

1950 年，巴萨传奇射手拉迪斯劳·库巴拉加盟巴萨。在库巴拉时代，巴萨获得 1951/1952 赛季和 1952/1953 赛季的西甲冠军，还连续三年获得西班牙国王杯冠军。

在 1951/1952 赛季，巴萨在由库巴拉领衔的豪华锋线攻击群摧城拔寨下，成为西甲联赛、西班牙国王杯、拉丁杯、马丁杯、罗西杯冠军的"五冠王"。

巴萨的库巴拉和皇马的迪·斯蒂法诺的"瑜亮之争"成为当时热点，"国家德比"也成为巴萨与皇马之间比赛的代名词。

1957 年 9 月巴萨进驻诺坎普球场，开启一个新时代。1959 年和 1960 年，巴萨两夺联赛冠军。

1961 年，巴萨首次打进欧洲冠军杯决赛，却 2 比 3 败给尤西比奥率领的本菲卡。之后数十年，巴萨始终与这项欧洲足球最高荣耀无缘。

1973 年 8 月 13 日，巴萨签下荷兰巨星约翰·克鲁伊夫，而巴萨主帅里努斯·米歇尔斯更是荷兰足球全攻全守打法的创造者，他们师徒携手，一起将巴萨带入辉煌岁月。

1973/1974 赛季，巴

萨以 4 比 2 击败希洪竞技后，时隔 14 年获得久违的西甲联赛冠军。克鲁伊夫曾率领巴萨在伯纳乌球场以 5 比 0 大胜皇马，书写"国家德比"的极致红蓝。

1978 年 5 月 6 日，何塞·路易斯·努涅斯当选巴萨主席。1982 年，巴萨斥巨资签下当时世界上最好的球员——马拉多纳，但是，阿根廷人在巴萨的那两年里，经受了一连串伤病的折磨，令这名天才在诺坎普的表演大打折扣。

巴萨先后于 1981 年和 1983 年夺得国王杯冠军，又在 1982 年 5 月 12 日，欧洲优胜者杯决赛上，以 2 比 1 击败比利时劲旅标准列日，赢得历史上第二座优胜者杯冠军奖杯。1985 年，在英格兰名帅特里·维纳布尔斯和德国球星贝恩德·舒斯特尔的带领下，巴萨终于在时隔 11 年后再次夺得西甲联赛冠军。

1988 年，巴萨主席努涅斯重新请回了当年的英雄克鲁伊夫来担任巴萨新主帅。1988/1989 赛季，克鲁伊夫上任之后首先就对拉玛西亚青训营进行改造，对于那里的年轻球员们进行以控球和压迫踢法为主的训练，克鲁伊夫的改造瞬间让巴萨步入正轨。

克鲁伊夫将赫里斯托·斯托伊奇科夫、米歇尔·劳德鲁普、何塞普·瓜迪奥拉、罗纳德·科曼和门将安东尼·苏比萨雷塔捏合成超级中轴线，自此，巴萨从一支没落豪门成功晋升为当时最强的西甲劲旅。

1992 年 5 月 20 日，欧冠决赛在温布利球场开战。科曼用直接任意球"一剑封喉"，巴萨以 1 比 0 力克桑普多利亚，让加泰罗尼亚人首次捧起梦寐以求的欧冠冠军奖杯。

那支由西班牙本土球员和外援完美结合的球队成为巴萨球迷心中永远的骄傲，被称为"梦之队"，也是后来的"梦一队"。

1996/1997 赛季，英格兰教头博比·罗布森执教巴萨，在新星罗纳尔多的带领下，球队夺得欧洲优胜者杯和国王杯。然而，罗布森和"外星人"却在一个赛季后一起离开球队。

1997/1998 赛季荷兰冠军教练路易斯·范加尔接过教鞭。范加尔赢得巴萨近 39 年来首个西甲联赛和国王杯"双冠王"。他在巴萨的第二个赛季，又带队卫冕西甲联赛冠军。

在范加尔离开之后，巴萨再次陷入低谷。2003 年，昔日"荷兰三剑客"之一的弗兰克·里杰卡尔德成为新任主帅。此外，巴萨接连引进罗纳尔迪尼奥和萨穆埃尔·埃托奥两名超级前锋。此时，里杰卡尔德的"梦二队"也正式诞生。

2004/2005 赛季，巴萨势如破竹般赢得西甲联赛冠军。又在 2005/2006 赛季欧冠决赛上，以 2 比

1 击败阿森纳，赢得球队历史上第二座欧冠奖杯。

在里杰卡尔德执教下，巴萨所向披靡，展现出强大的球场统治力。然而罗纳尔迪尼奥在巴塞罗那的灯红酒绿中逐渐迷失自己，以及埃托奥、德科、哈维等人与里杰卡尔德的将帅争执也愈演愈烈，最终导致"梦二队"分崩离析。

2009 年，青年队主帅瓜迪奥拉来执掌巴萨，为此主席拉波尔塔不惜送走了罗纳尔迪尼奥以及德

科等核心人物，只为给瓜迪奥拉充分的空间进行改造。

瓜迪奥拉接掌帅位后，坚定地继承了克鲁伊夫的传控风格，并以巴萨青训球员为基础。里奥·梅西、佩德罗、安德雷斯·伊涅斯塔、塞尔吉奥·布斯克茨和杰拉德·皮克等拉玛西亚培训的年轻人悉数进入巴萨主力圈，最终成就了史上最伟大的巴萨。

2008/2009 赛季，巴萨连获西甲联赛、西班牙国王杯、欧冠联赛三项冠军，成为西班牙足球史及队史上第一个获得"三冠王"的球队。接着在 2009 年下半年的三项赛事中，再度夺得西班牙超级杯、欧洲超级杯以及世俱杯的冠军，完成前无古人的"六冠王"伟业。瓜帅只用了一个赛季，便建造了宏伟的"梦三王朝"。

2009/2010 赛季瓜迪奥拉率领巴萨以 99 分的超高分卫冕联赛冠军。2010/2011 赛季西甲联赛，巴萨 38 轮联赛积 96 分，实现西甲三连冠的伟业。

2011 年 5 月 29 日的

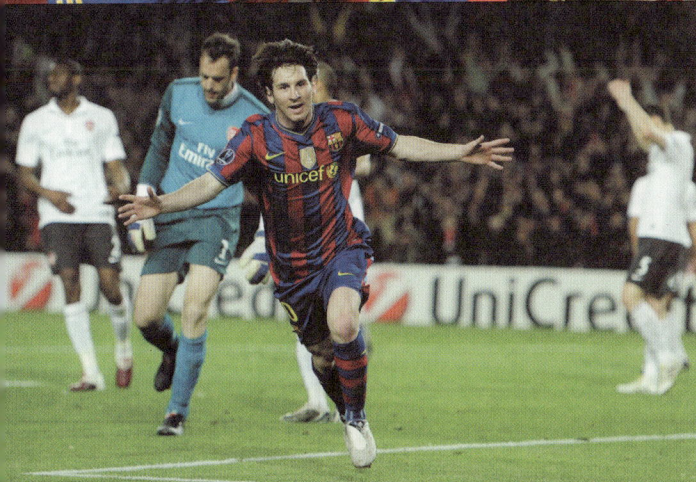

欧冠决赛，巴萨以 3 比 1
击败曼联，第 4 次夺得欧
冠联赛冠军。这是巴萨三
年内两次击败"红魔"，
而梅西更是创造了史无前
例的年度 91 粒进球的疯狂
纪录。

那段时间，整个欧洲
豪强都"谈萨色变"，每
每与巴萨"宇宙队"交锋，
都被媒体赋予"地球保卫
战"的噱头。哪怕仅仅是
一场平局，都被看作是"地
球人"的胜利。

2011/2012 赛季，皇
马终结了巴萨的西甲三连
冠。迫于成绩的压力，瓜
迪奥拉终究选择离开，一
代"红蓝教父"与巴萨的
情缘就此画上句号。

2012 年，瓜迪奥拉卸
任后，助教蒂托·比拉诺
瓦成为巴萨新主帅。这位
少帅在 2012/2013 赛季率
队重新夺得西甲联赛冠军，
还追平皇马百分夺冠的积
分纪录。大家本以为巴萨
正在重回正轨之时，比拉
诺瓦却因为身患腮腺癌，
不得不离开帅位，巴萨再
次陷入动荡时期。

2013/2014 赛季，巴
萨连失西甲联赛、国王杯、

欧冠冠军，马蒂诺也被迫下课，恩里克执掌巴萨的帅印。2014 夏天，巴萨也接连引进了路易斯·苏亚雷斯和内马尔两大南美超级巨星，开始进入"MSN"领衔的"梦四"时代。

2014/2015 赛季，巴萨首先以领先皇马 2 分的优势夺得西甲联赛冠军，此后又夺得国王杯冠军。在欧冠决赛中，巴萨以 3 比 1 击败尤文图斯，夺得欧冠冠军。自此，巴萨在 2014/2015 赛季，连续夺得西甲、国王杯、欧冠三个冠军，再次完成"三冠王"伟业。

2015 年 8 月，欧洲超级杯决赛，巴萨以 5 比 4 险胜塞维利亚，捧起队史第 5 座欧洲超级杯奖杯，从而追平 AC 米兰，并列历史第一。

2016 年 3 月 24 日，克鲁伊夫去世，享年 68 岁。"教父"的离去让巴萨众将格外悲伤，他们以哀兵之势发起反击，在西甲赛季最后五轮中，打进 24 球，且零失球，以 1 分的微弱优势夺得 2015/2016 赛季的西甲联赛冠军，这也是俱乐部历史第 24 座联赛冠军。随后的国王杯决赛里，巴萨通过加时赛以 2 比 0 击败塞维利亚，卫冕国王杯。

巴萨虽然夺得"双冠王"，却依然无法获得欧冠联赛冠军，在 1/4 决赛两回合中，他们以总比分 2 比 3 不敌马竞，遗憾退出荣耀欧洲巅峰的机会。

2016/2017 赛季，巴萨依旧踢出赏心悦目的攻势足球，但他们依旧没能阻止皇马夺得西甲联赛冠军，巴萨也错失了西甲三连冠的霸业。

那个赛季，巴萨在欧冠赛场上表现依旧可圈可点，在 1/8 决赛首回合比赛，巴萨在王子公园以 0 比 4 不敌巴黎圣日耳曼，几乎已经可以宣判死刑。不过在 2017 年 3 月 8 日的次回合的比赛中，巴萨发起惊涛骇浪般的反扑，最终将比分定格为 6 比 1，巴萨以总比分 6 比 5 淘汰巴黎圣日耳曼。这一夜也成为永载世册的"诺坎普奇迹"。

然而，奇迹没有接连上演。接下来的 1/4 决赛，巴萨在首回合以 0 比 3 落后于尤文图斯后，未能再次上演逆转奇迹而被淘汰出局。2017 年夏天，内马尔以 2.22 亿欧元创纪录的转会费加盟巴黎圣日耳曼，风光无限的 "MSN" 三人组就此风流云散。

2017/2018 赛季，巴萨上半程实现了单赛季 36 场连续不败和跨赛季 43 场连续不败的纪录，最终以领先亚军 14 分的巨大优势重回西甲冠军宝座。

2018/2019 赛季，C 罗的离开直接导致巴萨的最大竞争对手皇马走向崩溃，只有马竞这一支竞争队伍，使得巴萨轻易卫冕西甲联赛冠军。梅西依旧是那个无所不能的梅西，只是没有了 "绝代双骄" 同台竞技，梅西的光辉似乎也显得有些孤寂。

2019 年夏天，巴萨花费 1.2 亿欧元从马竞挖来安东尼·格里兹曼。自此，梅西（Messi）、苏亚雷斯（Suarez）、格里兹曼（Griezmann）的 "MSG" 组合正式上线。然而，这个新式梦幻 "三叉戟" 并没有率领巴萨创造辉煌，2020 年 3 月，西甲因为遭遇新冠疫情而停摆，复赛后皇马豪取十连胜反超巴萨，夺得队史第 34 个西甲冠军。

2018/2019 赛季，西甲联赛未能卫冕的同时，巴萨在欧冠赛场的境遇也令人倍感唏嘘。2020 年 8 月 14 日的欧冠 1/4 决赛，巴萨面对强大的拜仁，遭遇一场 2 比 8 的历史性大溃败。

一场不期而遇的惨败，让巴萨决定改变。老帅塞蒂恩离职，新帅科曼一上任就甩卖了伊万·拉基蒂奇和阿图罗·比达尔，巴萨甚至将 "功勋射手" 苏亚雷斯也送到马竞，这一举动令人费解，梅西也一度申请离队。在风口浪尖下，巴萨的 2020/2021 赛季之旅正式开启，前途充满太多变数。

虽然遭遇低谷，不过巴萨作为世界级豪门，拥有强大的自愈性。拉玛西亚青训营也会源源不断地为巴萨输送青年才俊，有朝一日，我们一定还会见到 "小克鲁伊夫" "小瓜迪奥拉" "小伊涅斯塔" 甚至是 "小梅西"，而这些将属于新一代的巴萨球员，承载着全新的使命。那一天，不会太远。

那支曾令世界倾倒的 "梦之队"，那支曾令诸强胆寒的 "宇宙队"，注定不会永远尘封在球迷内心记忆的深处，而会华丽迭代，震撼归来。

代表巴萨出场

748

代表巴萨进球

643

梅西

巴萨王牌射手

LIONEL
MESSI

他是独步无双的"诺坎普精灵"，他是凌波踏虚的"红蓝天王"，他让冠绝天下的巴萨插上梦的翅膀。

曾经阿根廷人的弃儿，在被巴萨收留之后，成为这座城市顶礼膜拜的对象，在诺坎普，梅西这个名字，已经成为上帝的同义词，而球队历史上最伟大的球员，也非他莫属。至于他的足球技艺，已经无须用更多笔墨来描述。

代表巴萨出场

767

代表巴萨进球

85

哈维

巴萨传奇巨星
XAVIER

　　效力巴萨 17 个年头，哈维是诺坎普的最为缜密与冷静的"大脑"，他总能挥洒自如摆脱对手，再用精妙绝伦的短传，来勾勒出"梦幻军团"的进攻蓝图。

　　伊涅斯塔在斯坦福桥的雷霆一击，铺平了"梦三队"称霸欧洲的道路，虽然他并不是以进球而见长，但他能在对手阵中穿花绕树般带球和转身，随时送上致命传射。

代表巴萨出场

674

代表巴萨进球

57

伊涅斯塔

巴萨传奇巨星
ANDRES
INIESTA

巴萨经典组合 / 梦幻三叉戟

罗纳尔迪尼奥 + 梅西 + 埃托奥

当小罗迈着华丽繁复的桑巴舞步，与埃托奥一起率领巴萨逐鹿欧洲、打造盛极一时的"梦二队"时，梅西才只是一个未到弱冠之龄的足球少年。

2004年10月16日，17岁的梅西首次代表巴萨登场。自此，这位初出茅庐的阿根廷天才展现出非凡的球感，他和年轻时的小罗极为相似，都对盘带有着极度的热情。还处于"练级""历练"阶段的梅西，在小罗身边进步神速。2004年的小罗是巴萨的绝对核心，如日中天，但在场上他却无私地给梅西创造机会，阿根廷人生涯的首粒入球，就是来自小罗绝妙的挑传助攻。

小罗是一个将艺术足球和实用足球完美结合在一起的大师，他的传球充满想象力，还有那出神入化的"牛尾巴"过人与鬼斧神工的创造力，完全盘活前场，让"三叉戟"的进攻丰富而又立体。

埃托奥来去如风、变幻莫测，他就是游弋在对手禁区边缘的一头嗜血猎豹，瞬间寻觅杀机，随后一击致命。作为"三叉戟"中最锋利的刀尖，埃托奥在代表巴萨出场199场，攻入130粒进球。

从2004年到2008年，小罗、埃托奥与梅西三人联手，组成的"三叉戟"组合几乎无坚不摧。他们率领巴萨，夺得两次西甲联赛冠军和一次欧冠冠军杯，并开启了一段梦幻传奇。那是小罗风华绝伦的年代，那是埃托奥"猎豹"狂奔的岁月，那个华丽的时代也造就了梅西这位旷世奇才。

2007/2008赛季结束后，随着小罗的离队，这个华丽无比的"梦幻三叉戟"组合也走到了尽头。

多年以后，当小罗谈到他眼中的巴萨史上最强的三人组合时，如此说："我并不否认'MSN'在巴萨历史上的重要性，但我还是觉得埃托奥、梅西和我的'三叉戟'组合是最强的。"

巴萨经典组合 / MSN

梅西 + 苏亚雷斯 + 内马尔

2014/2015 赛季，梅西、苏亚雷斯和内马尔，三人联袂为巴萨一共打进122球（梅西进58球、苏亚雷斯进25球、内马尔进39球），成为欧洲联赛中火力最旺盛的"MSN"组合。他们携手率领巴萨所向披靡，一举夺得西甲联赛、国王杯以及欧洲联赛的三项冠军，再次成为"三冠王"。

"M"梅西（Messi）：2014/2015 赛季，随着苏亚雷斯强势加盟，梅西重返巅峰，为巴萨打入了58粒进球。除了如潮的进球数据外，梅西还贡献了31次助攻，俨然成为球队的灵魂人物。

当哈维老去，瓜迪奥拉时代的短传渗透已无法发挥魔力，梅西成为巴萨战术体系中的绝对核心，从策动进攻到终结进球，事无巨细地率领球队去征服天下。

"S"苏亚雷斯（Suarez）：2014 年世界杯之后，背负着咬人事件的苏亚雷斯被利物浦放逐，在巴萨开启了救赎之路。2014/2015 赛季，苏亚雷斯与巴萨无缝对接，这位乌拉圭神锋游弋在对手的禁区，一共为巴萨打进25球，充分展现出杀手的本能，此外他还贡献了31次助攻。

"N"内马尔（Neymar）：拥有穿花蝴蝶般绚丽脚法，如幻影疾风，屡次上演单骑闯关。2013年夏天，当巴萨以5000万欧元签下这位巴西新星时，是为了给梅西找一个接班人。2014/2015 赛季，内马尔完成惊艳蜕变，他一共为巴萨攻进39球，还贡献了11次助攻，并屡建奇功，其中就包括独中三元，率领巴萨以6比1击败巴黎圣日耳曼的那场惊天大逆转。

"MSN"场均进球效率为2.4球，超越"BBC"的2.3球。三位正值巅峰的南美巨星本该携手成为史上最佳三人组，开创一代王朝，可惜因为2017年内马尔转会，令一切戛然而止。

巴萨最佳阵容
BARCELONA

巴萨号称"梦之队",自然不乏梦幻球员。除了收购以外,巴萨的拉马西亚青训营,亦出现以哈维、伊涅斯塔和布斯克茨为首的本土优秀球员,还培育出了梅西这样的世界级球星。

门将 / GK
安东尼·苏比萨雷塔

苏比萨雷塔于1986年到1994年效力巴萨,作为主力门将的他随巴萨夺得4届西甲联赛冠军。1992年巴萨夺得历史首座欧洲冠军杯,苏比萨雷塔屡屡上演神奇扑救,立下头功。

左后卫 / DL
塞尔吉·巴尔胡安

巴尔胡安是克鲁伊夫时期的第一选择,这位小个子左后卫把荷兰足球"全攻全守"的理念诠释得淋漓尽致。他效力巴萨期间,随队共赢得3次西甲联赛冠军。

中后卫 / DC
米盖利·贝尔纳多

米盖利是巴萨历史最优秀的中后卫之一,他有着惊人的弹跳力和头球功夫。无论是在进攻还是防守上都表现不俗,此外他重伤不下火线,是一位真正的硬汉。

中后卫 / DC
杰拉德·皮克

号称"皮肯鲍尔"的皮克攻防俱佳,关键时刻还能客串中锋,并屡建奇功。作为当年"六冠王"阵中唯一一位现役的巴萨后卫,皮克是当仁不让的后防领袖。

右后卫 / DR
卡尔斯·普约尔

一头雄狮般的金发,肆意怒吼震慑千军,普约尔是巴萨永远的铁血队长。从2009年捧起联赛冠军奖杯开始,他以队长身份率领巴萨在三年里先后捧起13座冠军奖杯。

后腰 / DM
何塞普·瓜迪奥拉

就像恩师克鲁伊夫一样,无论作为球员还是教练,瓜迪奥拉都在巴萨取得难以置信的成就。他作为球员时,坐镇中场,疏理进攻,堪称掌控全军的"节拍器"。

中前卫 / MC
安德雷斯·伊涅斯塔

伊涅斯塔是最懂得用大脑踢球的人,他不依靠身体和速度,而是以柔克刚、人球合一,将进攻变成一场完美无缺的视觉盛宴。他的离开,使巴萨不得不停下"梦幻舞步"。

中前卫 / MC
哈维

如果说伊涅斯塔是最懂得用大脑踢球的人，那么哈维就是巴萨的"最强大脑"。他在场上总能做出正确的选择，传出致命直塞球，哈维是巴萨初代"三冠王"的进攻核心。

左边锋 / AML
罗纳尔迪尼奥

罗纳尔迪尼奥是游走在赛场的足球精灵，也被球迷视作"上帝给巴萨的礼物"。他把自己最好的青春才华都奉献给诺坎普的这片土地，他也成为"梦三"复兴的旗帜性人物。

右边锋 / AMR
里奥·梅西

梅西无疑是巴萨最伟大的球员之一。他不仅是球队历史射手王，也是巴萨"梦三时期"和"梦四时期"的缔造者。效力巴萨16年间，他就是诺坎普、甚至整个足坛的进攻之王。

中锋 / CF
萨穆埃尔·埃托奥

埃托奥有着猎豹一样的速度，也有猎豹一般的敏捷、狠准。他是首位在两次欧冠决赛打进制胜进球的人。埃托奥使得巴萨的进攻更加多元化，令巴萨重新回归欧洲之巅。

萨穆埃尔·埃托奥

罗纳尔迪尼奥　　　里奥·梅西

安德雷斯·伊涅斯塔　　哈维

何塞普·瓜迪奥拉

塞尔吉·巴尔胡安　米盖利·贝尔纳多　杰拉德·皮克　卡尔斯·普约尔

安东尼·苏比萨雷塔

阵形 4-3-3

● 2008—2012 年 / 执教巴萨
247 场 179 胜 47 平 21 负

巴萨最佳教练

何塞普·瓜迪奥拉

瓜迪奥拉将传控足球的精髓植入巴萨，重塑了一支"宇宙队"。瓜迪奥拉执教巴萨的首个赛季，就率队豪取"三冠王"，之后一季的"六冠王"，令巴萨达到历史巅峰。瓜迪奥拉执教巴萨4年，率队征战247场，取得179胜，胜率超过70%，豪取两座欧冠金杯，这些都是他成为最佳教练的原因。

马德里竞技档案

- 马德里竞技
- Club Atlético de Madrid
- 绰号：床单军团
- 主场：万达大都会球场
- 所在地区：西班牙马德里市
- 成立时间：1903 年 4 月 26 日
- 队歌：《我要去曼萨纳雷斯》
- 德比对手：皇家马德里（同城德比）

床单军团

马德里竞技

CLUB ATLÉTICO DE MADRID

与皇马、巴萨这两个身世显赫的豪门相比，平民化的马竞似乎稍显黯淡，但这支球队拥有一种坚韧、顽强的气质。他们全民皆兵、凶悍无畏、永不放弃，正是这种野蛮生长的"草根"气质，才让"床单军团"在西甲与皇马、巴萨形成三足鼎立之势。

在"匪帅"西蒙尼的执教下，一支傲视群雄的"床单军团"叱咤纵横。凭借坚不可摧的钢铁防线，以及（有着历史传统的）神锋的闪电反击，马竞成为令诸雄闻之色变的生猛力量。

他们不是豪门，却能掀翻豪门；他们不是权贵，却能将权贵赶下神坛。马竞拥有这个时代最硬的斗魂。

1903 年，受到毕尔巴鄂竞技夺得首届西班牙国王杯冠军的鼓舞，一群在马德里求学的巴斯克学生创建了马德里竞技足球俱乐部，成立之初的马竞身穿蓝白球衣，直到 1911 年才改穿红白间条衫，这与当时流行的床单配色相似，马竞被冠以"床单军团"。

相比于同城对手皇马，扎根于马德里南部老工业区的马竞在成立之初战绩平平，始终在甲乙级联赛之间徘徊，主场几经辗转，直到 1923 年搬到大都会球场才稳定下来。

1939 年，西班牙内战结束，马竞得以重返西甲联赛，西班牙传奇门将里卡多·萨莫拉成为球队主教练，马竞在该赛季赢得了俱乐部历史上的第一座西甲冠军奖杯。在此后的十年里，马竞又拿到了 3 个西甲冠军，奠定了自己在西班牙足坛的地位。

随着成绩的不断提升，俱乐部高层开始不满足于现状，寻求更长远的发展。他们花

● "马德里竞技"在（除主标题外的）文章与标题中均简称"马竞"。

万达大都会球场

从 1966 年到 2017 年，马竞的主场一直是卡尔德隆球场。大都会球场是在马德里奥林匹克体育场基础上重新翻修而成，可容纳 7 万人。

大都会球场于 2017 年 9 月 16 日完工，由中国万达集团（赞助商）冠名，更名为万达大都会球场。2017/2018 赛季，球场被正式启用，首场西甲联赛是马竞对阵马拉加的比赛。

马德里竞技历史总出场榜

球员	位置	总出场
阿德拉多·罗德里格斯	中场	550 场
托马斯·雷诺斯	后卫	483 场
科克	中场	473 场
恩里克·科拉尔	前锋	468 场
胡安·卡洛斯·阿吉莱拉	后卫	455 场
伊萨西奥·卡列哈	后卫	421 场
胡安·卡洛斯·阿特什	后卫	421 场
加比·费尔南德斯	中场	417 场
费尔南多·托雷斯	前锋	404 场
迭戈·戈丁	后卫	389 场

马德里竞技历史总射手榜

球员	国籍	总进球
路易斯·阿拉贡内斯	西班牙	172 球
阿德里安·埃斯库德罗	西班牙	169 球
帕科·坎波斯	西班牙	154 球
何塞·加拉特	西班牙	134 球
安东尼·格里兹曼	法国	133 球
费尔南多·托雷斯	西班牙	129 球
华金·佩罗	西班牙	124 球
朱里奥·埃利切吉	西班牙	114 球
阿德拉多·罗德里格斯	西班牙	112 球
恩里克·科利亚尔	西班牙	105 球

03

三届欧洲联赛冠军

01

一届欧洲优胜者杯冠军

03

三届欧洲超级杯冠军

10

十届西甲联赛冠军

10

十届国王杯冠军

02

两届西班牙超级杯冠军

01

一届洲际杯冠军

马德里竞技西甲冠军榜

冠军数	夺冠赛季
10次	1939/1940、1940/1941、1949/1950、1950/1951、1965/1966、1969/1970、1972/1973、1976/1977、1995/1996、2013/2014

费 7000 多万欧元买下当时球队租用的主场"大都会球场"，这笔巨额投资让马竞背上了沉重的财政负担，"床单军团"被迫卖掉多名主力球员，战绩也急转直下。

直到 20 世纪 60 年代，马竞才重回争冠行列。1960 年和 1961 年，在主教练何塞·比利亚隆加的率领下，马竞连续两年击败同城死敌皇马，并获得队史前两座国王杯冠军。1962 年，马竞开始在欧洲赛场上崭露锋芒，在当年的优胜者杯决赛中，他们 3 比 0 战胜了上届冠军佛罗伦萨，拿下第一座欧洲级别赛事的冠军奖杯。

伴随着球场上的节节胜利，马竞俱乐部的高层决定兴建新球场。然而，这笔巨额投资再一次拖垮了马竞的财政。1964 年初，马竞历史上最伟大的主席维森特·卡尔德隆临危受命。商人出身的卡尔德隆通过招商引资的方式带领马竞走出困境，同时，他还独具慧眼地签下何塞·加拉特和路易斯·阿拉贡内斯两大传奇射手，两人联手为马竞打进273 粒西甲联赛进球，斩获 4 次最佳射手。

1965/1966 赛季，马竞力压同城死敌皇马重夺西甲，带着冠军荣耀搬进了尚未完全竣工的新家——曼萨纳雷斯球场。1971 年，马竞新球场的最后一个看台竣工，为了表彰卡尔德隆为俱乐部所做的贡献，在当年的俱乐部高层会议上，这座新球场正式被命名为"维森特·卡尔德隆球场"，马竞迎来了队史又一个"黄金时代"。

20 世纪 70 年代，"床单军团"拿到了两次西甲联赛冠军（1972/1973 赛季、1976/1977 赛季）、两次国王杯冠军（1971/1972 赛季、1975/1976 赛季）。1973/1974 赛季，马竞一路杀进欧冠决赛，最终不敌拜仁屈居亚军。转年，马竞顶替拜仁参加洲际杯，在主教练阿拉贡内斯的带领下夺冠，赢得洲际杯冠军。

随着"黄金一代"球员的渐渐老去，马竞在 20 世纪 80 年代陷入低谷。1987 年 3 月24 日，卡尔德隆突发心脏病去世，这位马竞历史上最伟大的主席永远地离开了深爱的球队，连同他一手缔造的马竞"黄金时代"也由此谢幕了。

卡尔德隆去世后，赫苏斯·希尔出任马竞俱乐部主席。为了让马竞尽快走出低谷，

希尔一上任就展开大刀阔斧的改革，他将葡萄牙传奇边锋保罗·富特雷和巴西前锋巴尔塔萨带到卡尔德隆球场。同时，解散了马竞的青训营，致使一大批青年才俊流失，这其中就包括后来成为皇马传奇的劳尔。

这一系列操作过后，马竞再次品尝到了冠军的滋

味。1991/1992赛季，马竞连续两年捧起国王杯冠军奖杯。尤其1991/1992赛季，马竞凭借富特雷和舒斯特尔的进球以2比0力挫同城死敌皇马，在伯纳乌捧起队史第八座国王杯冠军。

同一年，希尔重组俱乐部，将马竞改制成为一家股份制俱乐部，并签下基科·纳尔瓦埃斯、何塞·卡卡米内罗和迭戈·西蒙尼等一大批潜力新星。与此同时，在7年更换8任主教练后，希尔终于找到了正确的人选——塞尔维亚主帅拉多米尔·安蒂奇。

1995/1996赛季，马竞在完全不被看好的情况下，在西甲联赛和国王杯双线齐飞。1996年4月的国王杯决赛，凭借潘蒂奇的精彩头球马竞以1比0战胜如日中天的巴萨。5月末的联赛收官战，卡尔德隆球场创纪录地涌进7万多名球迷，西蒙尼和基科的进球帮助"床单军团"击败阿尔巴塞特，夺回阔别19年的西甲联赛冠军。马竞成为双冠王，这是建队以来最辉煌的时刻。

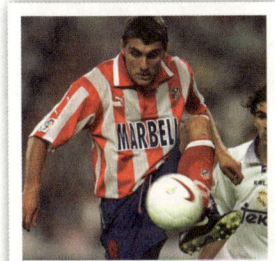

1999/2000赛季，马竞沦落到降级的边缘。意大利教头克劳迪奥·拉涅利赛季中期黯然下课，"救火教练"安蒂奇也没能挽回颓势，"床单军团"时隔70年后再次降入乙级。

马竞在西乙蛰伏的两个赛季里，卡尔德隆球场见证了费尔南多·托雷斯的横空出世，这位天才射手的成长也给苦难中的马竞带来了希望。2002/2003赛季，马竞重新杀回西甲，19岁的托雷斯在自己西甲处子赛季就打进19粒联赛进球，并成为马竞历史上最年轻的队长。

卡尔德隆球场渴望重温冠军荣耀，但这并不容易。2004年，执掌马竞17年的希尔因病去世，他最后的遗言是："我们失去了劳尔，别再失去托雷斯。"然而，仅仅 3 年之后，托雷斯就远赴英伦半岛加盟利物浦。好在球队利用托雷斯的转会费买下新星塞尔吉奥·阿圭罗，他与迭戈·弗兰的"南美双子星"组合大杀四方，成功填补托雷斯离队后的空缺。

2009/2010 赛季，阿贝尔·雷西诺接手当时处于困境中的马竞，尽管那个赛季西甲联赛只获得第 9 名，但"床单军团"在欧联杯中一路过关斩将，半决赛淘汰利物浦，随后的决赛中，阿圭罗两度助攻弗兰破门，马竞以 2 比 1 战胜富勒姆，时隔 48 年后再次赢得欧洲赛事冠军。同年的欧洲超级杯，他们又击败上届欧冠联赛冠军国际米兰，夺得史上第一座欧洲超级杯，开启了"床单军团"一个崭新的时代。

接下来的一个赛季，雷西诺没能率队拿到欧冠席位而遭到解雇。继任者格雷戈里奥·曼萨诺的第二次马竞执教生涯仅持续了 5 个月，2011 年圣诞节前，马竞距离降级区只

有 4 分，几乎成为西甲的末流球队。

2011 年 12 月 27 日，41 岁的迭戈·西蒙尼正式成为马竞的主帅。

西蒙尼把自己作为球员的"匪性"带给马竞，这支球队成为纪律严明、坚韧无畏的铁血之师。

执教马竞首个赛季，西蒙尼就率队拿下欧联杯和欧洲超级杯，从"救火教练"一跃跻身名帅行列。

随后的一个赛季，西蒙尼的球队在国王杯决赛中力克同城死敌皇马，捧起国王杯冠军。

2013/2014 赛季堪称是西蒙尼的代表性赛季，马竞进 77 球丢 26 球，连续两年成为西甲丢球最少的球队。新一代神锋科斯塔在 35 场联赛中斩获 27 球，帮助"床单军团"继1995/1996 赛季后再度加冕西甲联赛冠军。

2014 年，马竞在欧冠决赛对阵皇马，将 1 比 0 的领先优势维持到第 93 分钟，可惜在最后一刻被拉莫斯打进绝平球，加时赛中皇马连中三元逆转夺冠，马竞与大耳朵杯失之交臂。

2016 年，西蒙尼率领马竞卷土重来，再与皇马会师欧冠决赛，最终却以点球大战落败。马竞成为欧冠历史上第一支三进决赛却没能捧杯的队伍。也许这就是人生，有时候拼尽全力却依然一无所获。

2017 年 9 月 16 日，陪伴马竞走过半个世纪的卡尔德隆球场成为历史，新主场万达大都会球场投入使用。格里兹曼成为在这座新球场破门的第一人，马竞以 1 比 0 击败马拉加，用胜利掀开历史新一页。

2017/2018 赛季，马竞在欧联杯决赛上以 3 比 0 战胜马赛捧杯。之后马竞又以 4 比 2 力克皇马，夺得欧洲超级杯。

马竞 3 次以欧联杯冠军身份参加欧洲超级杯，均掀翻当季欧冠冠军，书写了欧洲超级杯的一段佳话。

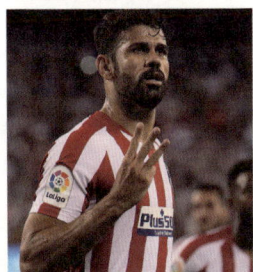

2020 年，是西蒙尼执教马竞的第九个年头，他把这支平民球队打造成欧洲最具竞争力的球队之一。

马竞素来以盛产神锋而闻名，从弗兰、阿奎罗、法尔考、科斯塔到格里兹曼，他们都是进球多、擅长反击且单兵作战能力超强的高效型前锋。

2020 年 9 月，马竞从巴萨手中签下苏亚雷斯，这位乌拉圭传奇射手与球队无缝衔接，很好地秉承神锋的传统，在 2020/2021 赛季的前 9 场比赛里打进 5 球。马竞在西甲联赛积分榜里暂列首位，在皇马和巴萨均处于颓势之时，很有机会问鼎西甲。

草根出身的马竞从来不是天命之子，他们唯一能做的就是抗争，正如马竞球迷所说："为什么喜欢马竞？因为他像极了生活中不甘平凡的我们。"

"马竞，马竞，马德里竞技。战斗吧，胜利吧，你是最优秀的！"这首雄壮激昂的队歌生动地诠释了马竞的足球哲学。

代表马竞出场

257

代表马竞进球

133

格里兹曼

马竞王牌射手

ANTOINE
GRIEZMANN

如精灵一样飞舞，如刺客一样闪袭。一头飘逸闪耀的金发，一副忧郁俊美的面容，格里兹曼，堪称"床单军团"的足球王子。

格里兹曼拥有华丽细腻的脚法，堪称这个星球上技术最为细腻的球员之一，他也是"床单军团"进入 21 世纪以来的第一射手。2018/2019 赛季他打入 21 球，冠绝马竞全队。

马竞经典组合 / 铁血后腰

科克＋加比

科克和加比，两位同样生在马德里，长在马德里竞技青训营中的中场悍将，在职业生涯中首次携手合作，逐步让马竞的"腰杆"挺了起来。他们中的一位出生在20世纪80年代的前期，另一位出生在20世纪90年代的前期，相差了近十岁的一老一少，在经验、活力上均为马竞提供了十足的保障。

"80后"的加比一度在2007年夏天被卖到了萨拉戈萨，这算是他"练级"完毕、重新归来；"90后"的科克从小就在这里被称为"天才"，从未离开过这里，并且被视为马竞未来的旗帜人物。故事从这一刻正式开始书写：

两人组成搭档的首个赛季，马德里竞技拿下了欧联杯、欧洲超级杯的冠军；第二个赛季，时隔17载后，马竞再次品尝了国王杯冠军的滋味；第三个赛季，马德里竞技突破了皇马、巴萨的封锁，打破了两强对西甲冠军的垄断，让西甲真正意义上从"两极"变成了"三足鼎立"的局面，同时还获得了队史上第二座西班牙超级杯的冠军。

人们往往会歌颂攻城拔寨的锋线杀手，捍卫城池的门线英雄，但科克、加比这对中场搭档一样值得铭记。

马竞最佳阵容
ATLETICO MADRID

与其他豪门相比较，马竞只是一支"平民"球队。虽然队中巨星不多，但球队依靠团队作战，再加上主教练西蒙尼总能网络一批纪律严明、团结一致、骁勇善战的全能型勇士。

门将 / GK
扬·奥布拉克

作为现今世界排名前五的门将，奥布拉克创纪录地连续4年获得西甲萨莫拉奖。他帮助马竞打进过欧冠决赛，并随队获得欧联杯冠军和欧洲超级杯冠军。

左后卫 / DL
菲利佩·路易斯

菲利佩防守稳健、作风顽强，他在场上不惜体力大范围奔跑，并能防住对手的边路"快马"。作为后防主力，他曾随马竞获得欧联杯冠军以及西甲联赛冠军。

中后卫 / DC
迭戈·戈丁

戈丁在效力马竞的9年里，迅速成长为世界级中后卫。他老练而稳健，并拥有钢铁般的意志力。戈丁不仅是马竞防守的核心，他的头球还是球队进攻的一大得分利器。

中后卫 / DC
胡安·卡洛斯·阿特切

阿特切是马竞20世纪80年代的主力中卫，也是球队队长。他身材高大，拥有绝对的高空优势和头球技巧。阿特切效力马竞共11年，累计出战421场。

右后卫 / DR
胡安弗兰

胡安弗兰为马竞出战355场，随队共获得7座冠军奖杯。他并没有出色的速度与突破能力，但拥有优秀的团队合作能力，擅于团队作战，让他在攻防两端威力大增。

后腰 / DM
迭戈·西蒙尼

西蒙尼的强硬与凶悍，贯穿了他的球员与教练时代，也让马竞有了豪强的风骨。他以球员和教练不同身份，都曾率领马竞获得西甲联赛和国王杯"双冠王"。

左前卫 / ML
科克

科克是马竞近年来最优秀的青训球员。他司职中场，攻守兼备，有着广袤的传球视野，可以在防线和锋线之间的任何位置来串联球队，是西班牙少有的全能型中场。

右前卫 / MR
阿德拉多·罗德里格斯

罗德里格斯是马竞历史出场最多、效力时间最长的球员。他所效力的马竞是20世纪六七十年代里最辉煌的时期，十年间3夺西甲联赛冠军，5夺国王杯冠军。

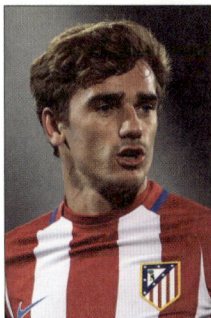

前锋 / ST
安东尼·格里兹曼

2014年夏天，格里兹曼签约马竞，并在54场比赛中打入25球，并完成职业生涯首个"帽子戏法"。格里兹曼效力马竞5个赛季，出场257场，打进133球。

中锋 / CF
路易斯·阿拉贡内斯

阿拉贡内斯是马竞历史首席射手王，效力"床单军团"10个赛季，共打进172球。并在1973/1974赛季，率领球队历史性地打进欧洲冠军杯决赛。

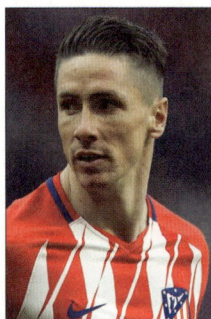

前锋 / ST
费尔南多·托雷斯

托雷斯11岁加入马竞青训营，17岁便打进职业生涯的处子球，19岁在35场西甲联赛中打进19粒球，被誉为"金童"。此外，他还是马竞历史最年轻的队长。

路易斯·阿拉贡内斯

安东尼·格里兹曼　　费尔南多·托雷斯

科克　　　阿德拉多·罗德里格斯

迭戈·西蒙尼

菲利佩·路易斯　迭戈·戈丁　胡安·卡洛斯·阿特切　胡安弗兰

扬·奥布拉克

阵形 4-3-3

299胜 118平 81负

● 2011年至今 / 执教马竞498场

马竞最佳教练

迭戈·西蒙尼

西蒙尼人称"匪帅"，他将球员时期的凶悍、强硬甚至有些"刺头"的风格移植到自己执教的马竞，令"床单军团"成为防守坚固、反击迅疾的西甲劲旅，大有与皇马、巴萨分庭抗礼之势。西蒙尼将手下的弟子凝结成一股绳，整体合力，把马竞打造成令人望而生畏的"铁血之师"。

英超联赛
Premier League

利物浦/曼联/切尔西/阿森纳/曼城/热刺

六　大　豪　门

Premier
League

Premier League

英格兰超级联赛
大不列颠岛的战国时代

英格兰足球超级联赛，简称英超，前身是英格兰足球冠军联赛，是欧洲五大联赛之一，由 20 支球队组成。

英超联赛被认为是世界上竞争最激烈的联赛之一，也是收入最高的足球联赛。这里诸强林立、鏖战连连、德比对决、恩怨久远。

在曼联曾经称霸一时后，英超形成诸强争冠的格局，切尔西、阿森纳、利物浦、曼城、热刺等劲旅都有实力夺得巴克莱杯，令每赛季英超联赛的最后冠军归属都充满悬念。

〈英超 20 强名单 2020/2021 赛季〉

西布罗姆维奇	阿森纳	阿斯顿维拉	布莱顿
伯恩利	切尔西	水晶宫	埃弗顿
莱斯特城	利物浦	利兹联	曼彻斯特城
曼彻斯特联	纽卡斯尔联	谢菲尔德联	南安普敦
托特纳姆热刺	富勒姆	西汉姆联	伍尔弗汉普顿流浪者

〈伦敦德比：切尔西 VS 阿森纳〉

尽管切尔西和阿森纳从未将对方视为主要对手，但从 1930 年代开始，他们之间的比赛通常都是焦点，因为他们都在伦敦。

穆里尼奥率领切尔西多次获得英超联赛冠军，而他和阿森纳主帅温格在场内外的矛盾也加剧了双方的恩怨，两队都将对方视为最讨厌的行列，彼此的争斗从未停息。

〈双红会：曼联 VS 利物浦〉

"红魔"曼联与"红军"利物浦的比赛被称为"双红会"，是英超最著名的德比。曼联和利物浦是英格兰获得国内外冠军次数最多的两家俱乐部（曼联夺冠总数为 66 次，利物浦为 64 次）。所谓一山不容二虎，因此，双方每次交锋都是火星撞地球般激烈。

曼联前主帅弗格森曾说过："我这辈子最大的成就，就是把利物浦从王座上给踢下来。"这句言简意赅的话，浓缩了两家球队长达百余年的恩仇史。

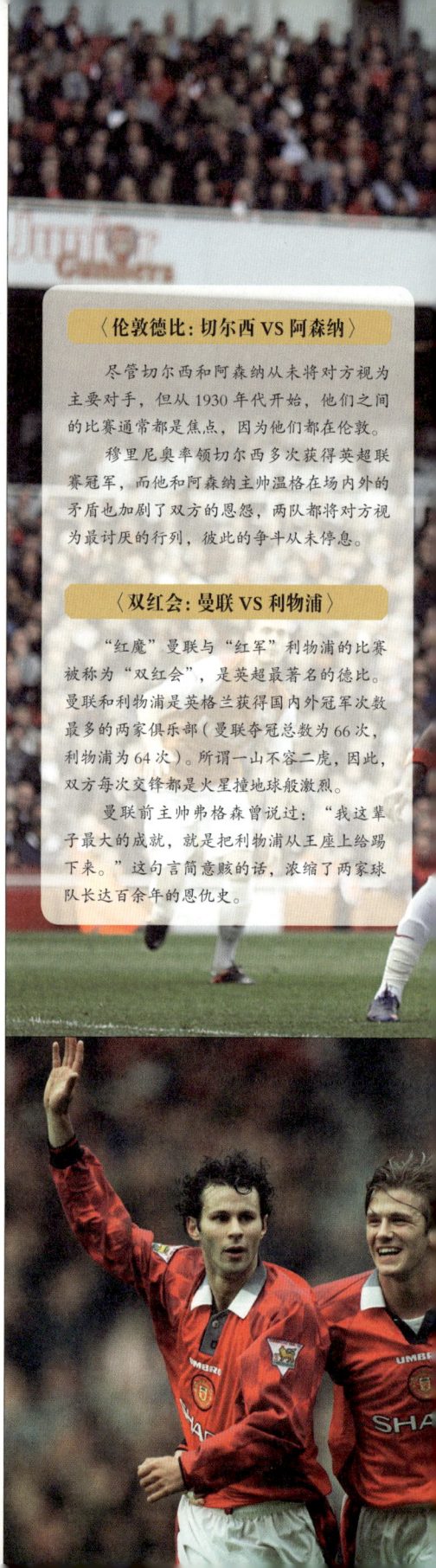

历年英超联赛冠军榜

冠军球队	赛季
曼联	1992/1993
曼联	1993/1994
布莱克本	1994/1995
曼联	1995/1996
曼联	1996/1997
阿森纳	1997/1998
曼联	1998/1999
曼联	1999/2000
曼联	2000/2001
阿森纳	2001/2002
曼联	2002/2003
阿森纳	2003/2004
切尔西	2004/2005
切尔西	2005/2006
曼联	2006/2007
曼联	2007/2008
曼联	2008/2009
切尔西	2009/2010
曼联	2010/2011
曼城	2011/2012
曼联	2012/2013
曼城	2013/2014
切尔西	2014/2015
莱斯特城	2015/2016
切尔西	2016/2017
曼城	2017/2018
曼城	2018/2019
利物浦	2019/2020

利物浦档案

- 利物浦足球俱乐部
  Liverpool Football Club
- 绰号：红军
- 主场：安菲尔德球场
- 所在地区：英格兰利物浦市
- 成立时间：1892 年 6 月 3 日
- 队歌：《你永远不会独行》
- 德比对手：曼联（西北德比）
  埃弗顿（默西塞德郡德比）

红军

利物浦

LIVERPOOL FOOTBALL CLUB

让《你永远不会独行》的歌声响起，召唤不死鸟在烈焰中降临，利物浦绝境逆袭，掀起席卷天下的红色狂潮。

豪取6届欧冠冠军、1届英超联赛冠军、18届英格兰顶级联赛冠军、7届足总杯冠军、3届欧联杯冠军等诸多荣耀，利物浦将"红军"的风骨铭刻在世界足球豪门的圣殿之上。

从KOP看台建立，再到"香克利王朝"；从佩斯利时代的欧冠两连冠，到"国王"达格利什降临，再到"伊斯坦布尔奇迹夜"；从克洛普执教后杰拉德时代的"红军"，到他统领"红箭三侠"纵横捭阖、横扫欧罗巴，再到夺取欧冠冠军奖杯、英超联赛冠军……从安菲尔德球场走出的那支利物浦，栉风沐雨，永不独行！

默西河畔的利物浦市，这里有两支鼎鼎大名的英超球队，红色的利物浦，蓝色的埃弗顿，鲜有人知的是这两家都身处英超联赛的老牌劲旅，很多年前其实是一家。因为一位名叫约翰·霍尔丁的男人，利物浦才得以创建，并一步步摆脱了埃弗顿的阴影，逐渐成为英国足球史上最杰出的豪门之一。

1892年3月，在由来已久的矛盾积怨下，霍尔丁被埃弗顿无情地驱逐了，尽管昔日的他曾不计成本给埃弗顿投入了资金。冰冷的现实摆在眼前，仅剩下寥寥无几的几名球员愿意跟随自己，可这一切都没有打倒他，霍尔丁信心满满地开始筹建一支立足于利物浦市，一定要与埃弗顿进行抗争的新俱乐部——利物浦。

● 英格兰（足球）顶级联赛，从1888年到1992年之间，是指英格兰甲级联赛，1992年更迭为英格兰超级联赛，1992年之后的英格兰甲级联赛为第三级别联赛。

安菲尔德球场

　　安菲尔德是英格兰第六大足球场，球场的主人是埃弗顿俱乐部，1891年由于埃弗顿买断球场失败，转而搬到古迪逊公园另建新球场。1892年，前埃弗顿成员约翰·霍尔丁创建利物浦俱乐部，便以安菲尔德作为新球队的主场。之后球场进行多次翻修并增加二层看台。如今安菲尔德共有四个看台，分别为：主看台、安菲尔德看台、KOP看台和达格利什看台。

利物浦历史总出场榜

球员	位置	总出场
伊恩·卡拉汉	中场	857场
杰米·卡拉格	后卫	737场
史蒂文·杰拉德	中场	710场
雷·克莱门斯	门将	665场
埃姆林·休斯	中场	665场
伊恩·拉什	前锋	660场
菲尔·尼尔	中场	650场
汤米·史密斯	中场	638场
布鲁斯·格罗贝拉尔	门将	628场
艾伦·汉森	中场	620场

利物浦历史总射手榜

球员	国籍	总进球
伊恩·拉什	英格兰	346球
罗杰·亨特	英格兰	286球
戈登·霍奇森	英格兰	241球
比利·利德尔	科特迪瓦	228球
史蒂文·杰拉德	英格兰	186球
罗比·福勒	英格兰	183球
肯尼·达格利什	英格兰	172球
迈克尔·欧文	英格兰	158球
哈里·钱伯斯	比利时	151球
杰克·帕金森	英格兰	130球

利物浦荣誉榜

06
六届欧冠联赛冠军

03
三届欧洲联赛冠军

04
四届欧洲超级杯冠军

01
一届英超联赛（顶级）冠军

18
十八届英甲联赛（顶级）冠军

07
七届英格兰足总杯冠军

08
八届英格兰联赛杯冠军

15
十五届社区盾杯冠军

利物浦欧冠冠军榜

冠军数	夺冠赛季
6次	1976/1977、1977/1978、1980/1981、1983/1984、2004/2005、2018/2019

利物浦英格兰顶级联赛冠军榜

英超冠军数	夺冠赛季
1次	2019/2020

英甲冠军数	夺冠赛季
18次	1900/1901、1905/1906、1921/1922、1922/1923、1946/1947、1963/1964、1965/1966、1972/1973、1975/1976、1976/1977、1978/1979、1979/1980、1981/1982、1982/1983、1983/1984、1985/1986、1987/1988、1989/1990

　　如今，距离利物浦初成立已有近 130 年的时间，利物浦终于在德国人克洛普的率领下捧起英格兰超级联赛的冠军奖杯。这一刻，令无数"红军"拥趸等了太久太久。

　　放眼世界足坛，似乎每一家成功和伟大的绿茵豪门背后，都有一段可歌可泣的壮举，亦有一段令人黯然泪下的回忆，利物浦亦是如此。

　　从 1900/1901 赛季首夺英格兰顶级联赛冠军，到 1972/1973 赛季再夺顶级联赛的冠军，长达 70 载的岁月，利物浦不断前行、不断努力、不断克服困难，有"麦克之队"的故事，有争霸英伦的战绩，更有一段"教父"比尔·香克利为利物浦塑造骨架、构建百年豪门的恢宏计划，以及一段始于"靴室"的独特绿茵文化。

　　所谓的"靴室"，原本其实就是球员们存放球鞋的房间，而香克利却把这里变成了利物浦的中枢神经、战术源泉。每当球员们训练、比赛结束后，以香克利为首的教练组都会在"靴室"喝杯咖啡、小酌美酒，并对刚才比赛和训练的情况来畅所欲言。

　　在每次"靴室"畅谈之后，教练组都会迸发出新的创意和思路，主教练香克利随之慢慢变成战术大师、足球教父。从鲍勃·佩斯利到乔·费根，这些助理教练们也受益良多，因此，"靴室"也成为利物浦独有的一种文化和传承。

　　从 20 世纪 70 年代开始至英超联赛成立前夕，利物浦忽然一跃而起，成为英伦足球的杰出代表、享誉世界的王者之师，并且树立起了一段只属于红色的传奇，他们的荣誉室里更是收获满满：11 届顶级联赛冠军、4 届欧冠冠军、3 届足总杯冠军。

　　在一座座金灿灿的奖杯背后，是无数利物浦人努力的汗水和付出，是他们智慧的结

晶，是罗杰·亨特、汤米·史密斯、圣约翰、凯文·基冈等球星的传奇，更是利物浦的辉煌盛世。

20世纪60年代，利物浦还处在一个积累、探索的阶段，到了20世纪70年代和80年代，利物浦完全统治了英伦足坛。

利物浦最为辉煌的20世纪80年代，是一个充满红色的"王朝时代"，然而此时却发生了两次重大的惨案，几乎掀翻了这家彼时的胜利之师，更让利物浦耗时多年建立起的"王朝"就此覆灭。

1985年5月29日，利物浦对决尤文图斯的欧冠决赛在布鲁塞尔海瑟尔体育场举行。开赛前利物浦球迷挑衅对方的事件升级，最终导致墙体坍塌，39名球迷当场丧生。

这次"海瑟尔惨案"的发生令利物浦无心恋战，最终以0比1输掉比赛，而更加惨痛的却是之后长达6年的欧战禁赛令，但这还不是全部。

1989年4月15日，肯尼·达格利什领军的利物浦，在足总杯中与诺丁

汉森林相遇。由于赛前缺乏有效的管理，5000名赛前没能进场的利物浦球迷在开赛后瞬间涌入同一个看台，从而造成了严重的踩踏事故，近百人魂归希尔斯堡。

两场惨案几乎在同一时间降临在利物浦，辉煌无比的"红色王朝"就此轰然倒塌，"红军"就此陷入一段漫长的蛰伏期。

即便期间也有不少带有振兴"红军"豪情壮志的人来到安菲尔德，可那时的英格兰赛场已经是弗格森的"红魔时代"。

就算英俊潇洒的"利物浦三杰"（史蒂夫·麦克马纳曼、杰米·雷德克纳普、斯坦·科里莫尔）名扬天下、"神奇小子"迈克尔·欧文和史蒂文·杰

拉德的横空出世，还有吉拉德·霍利尔执教下的"五冠王"，也未能让利物浦重夺顶级联赛冠军。

虽然未能登顶英超之巅，但利物浦还是缔造了很多辉煌，尤其是在欧冠赛场。其中"伊斯坦布尔奇迹"堪称"红军"坚毅无畏精神的一个缩影。

2005 年 5 月 25 日，欧冠决赛在土耳其的伊斯坦布尔上演，利物浦面对强大的 AC 米兰，几乎毫无胜算，"红军"上半场以 0 比 3 落后，也似乎印证了这一点。

然而，下半场风云突变。在球迷们"永不独行"的嘹亮歌声鼓舞下，杰拉德在第 54 分钟率先破门。两分钟后，替换登场的弗拉基米尔·斯米切尔远射建功，第 60 分钟哈维·阿隆索点球命中，利物浦在下半场仅过 15 分钟便把比分扳成 3 比 3 平。

此后两队经过加时鏖战依然胜负未决，最终进入残酷的点球大战。利物浦门将耶日·杜德克发挥神勇，先后扑出皮尔洛和舍甫琴科的射门。最终，

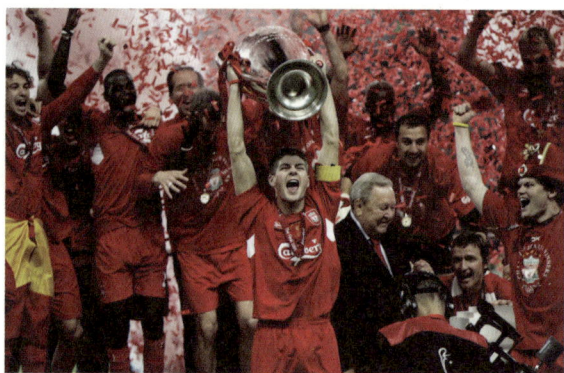

利物浦以 6 比 5 战胜 AC 米兰，成功捧起"大耳朵杯"。

夺得欧冠之后，利物浦以 2020 万英镑转会费得到"西班牙金童"费尔南多·托雷斯。但对于一支要争冠的球队来说，只有一个托雷斯并不够。当时的曼联拥有 C 罗、韦恩·鲁尼和卡洛斯·特维斯，切尔西也拥有迪迪埃·德罗巴、弗洛伦特·马卢达和

尼古拉·阿内尔卡。

此后利物浦经过十年浮沉，依旧未见盛世。2013/2014 赛季，"红军"离英超冠军宝座仅有一步之遥，却无法登顶。

2015 年，德国"金属教头"尤尔根·克洛普的到来，重塑了利物浦的王者风骨，浴火重生的"不死鸟"重新展翅高飞。

在克洛普追求速度、效率以及压迫性的战术理

念下，利物浦逐渐恢复豪门的霸气。萨迪奥·马内、穆罕默德·萨拉赫、菲尔吉尔·范戴克等人的相继到来，这支百年豪门焕然一新。

克洛普接手利物浦之后，球队越来越有"克式进攻"的影子，他们强调控球，更强调攻防转化的速度；他们重视防守，更重视由守转攻的推进。就这样，在英超赛场上，克洛普硬是以"足球需要更快速度和节奏"的哲学，唱响了一曲德式交响乐。

2017/2018赛季，利物浦一路杀进欧冠决赛，面对上届冠军皇马时，因为萨拉赫过早的受伤离场以及门将洛里斯·卡里乌斯的两次低级失误，最终以1比3不敌对手，成全了皇马欧冠三连冠。

2018/2019赛季，利物浦卷土重来，在欧冠半决赛第二回合面对巴萨，在首回合以0比3落后的劣势下，利物浦次回合在主场4比0成功逆袭。在欧冠决赛中，利物浦又以2比0击败热刺，捧起梦寐以求的"大耳朵杯"，这也是队史上第6座欧冠冠军奖杯。

2019/2020赛季，虽然遭遇新冠疫情的困扰，但利物浦依然保持着积分榜的一路领先。2020年6月24日，英超第31轮，利物浦以4比0击败水晶宫，提前7轮夺得英超联赛冠军，这也是队史首次荣膺英超联赛冠军，"红军"时隔30年终于再夺英格兰顶级联赛冠军。

这支充满了艰辛的英伦豪门，正在对各项荣誉发起无比迅疾的冲击。他们穿过风暴、穿过黑夜，在金色的天空下、在云雀甜美的歌声中，继续前行、永不独行。

代表利物浦出场

173

代表利物浦进球

110

萨拉赫

利物浦王牌射手

MOHAMED SALAH

加盟利物浦的首个赛季，萨拉赫就独造 50 粒进球（39 球和 11 次助攻），其中在英超联赛进球更是创纪录的 32 粒。他拥有闪电般的速度和惊人的盘带能力，堪比梅西在狭小空间内的变向摆脱，能打入令人叹为观止的绝妙进球。第二个赛季他又蝉联英超金靴奖，并成为利物浦夺得欧冠冠军与英超冠军的头号王牌。

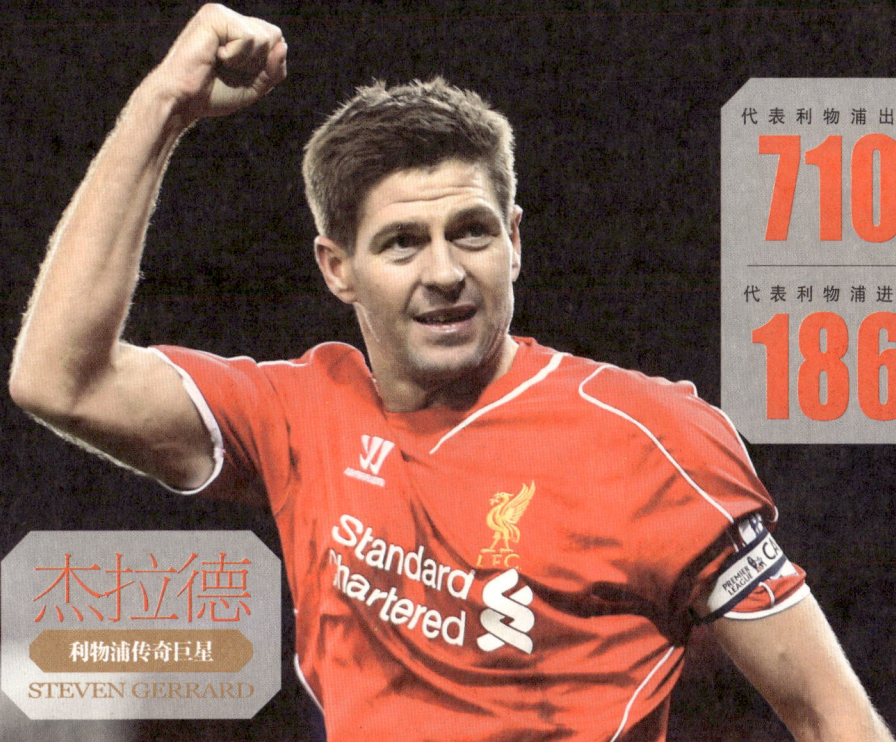

代表利物浦出场
710
代表利物浦进球
186

杰拉德
利物浦传奇巨星
STEVEN GERRARD

从默西赛德郡的追梦少年到安菲尔德的"红军"之魂，史蒂文·杰拉德几乎用整个职业生涯书写了一部摄人心魄的红色史诗。犹记当年伊斯坦布尔之夜的豪气冲天、力挽狂澜，更不会忘记不离不弃、默默坚守的那些艰难岁月。

从球员生涯到教练时代，肯尼·达格利什留给利物浦的是一段雄霸英国足坛15年之久的光辉岁月，他让利物浦传奇7号球衣比任何时候都更光彩夺目。他开创了利物浦史先河，他的影响力超越了足球的范畴，他是"红军"利物浦的精神和灵魂的象征。

达格利什
利物浦传奇巨星
KENNY DALGLISH

代表利物浦出场
502
代表利物浦进球
169

利物浦经典组合/红箭三侠
萨拉赫 + 马内 + 菲尔米诺

2017 年，萨拉赫加盟利物浦，与萨迪奥·马内和罗伯托·菲尔米诺组成锋线"三叉戟"。他们拥有强大的冲击力，三人相辅相成，尤其是菲尔米诺在中间连接两翼与中场推动着球队前进。

2017/2018 赛季，"红箭三侠"联手首个赛季，他们就交出了恐怖的答卷：各项赛事打进91球！在欧冠赛场上，三人合计打进32球，从而超越巴萨的"MSN"组合与皇马的"BBC"组合，成为单赛季欧冠联赛进球最多的攻击组合。2018/2019 赛季，"红箭三侠"三人合力在英超联赛中打进 69 球，萨拉赫与马内共享英超金靴。"红箭三侠"率领利物浦登上欧冠之巅。

2018/2019 赛季与 2019/2020 赛季，利物浦连夺欧冠冠军和英超冠军，完成复兴大业，萨拉赫、马内和菲尔米诺组成的"红箭三侠"功不可没。在"渣叔"克洛普的调教下，三人配合默契，相辅相成。马内突破犀利，破门之余屡屡送出关键传球；菲尔米诺跑位风骚，球商极高；萨拉赫是球场上绝对的杀手，进球如麻。2019/2020 赛季，利物浦在英超赛场所向披靡，提前七轮夺得历史首座英超联赛冠军，"红箭三侠"居功至伟。

利物浦经典组合 / "3S" 组合
苏亚雷斯 + 斯特林 + 斯图里奇

2013/2014 赛季，英超陷入大混战，各路豪强绞杀在一起，冠军悬念扑朔迷离。

路易斯·苏亚雷斯（Luis Suárez）、丹尼尔·斯图里奇（Daniel Sturridge）和拉希姆·斯特林（Raheem Sterling）组成的"3S"组合大发神威，在英超赛场上刮起了一阵红色旋风。联赛后半程，利物浦连克强敌，分别以 5 比 1 胜阿森纳、3 比 0 胜曼联、4 比 0 胜热刺、3 比 2 胜争冠对手曼城。如果不是联赛尾声阶段杰拉德的致命滑倒导致球队失分，"红军"的英超首冠或许已提前到来。

那个赛季，"3S"组合三人合力打进61球，苏亚雷斯（31 球）和斯图里奇（21 球）包揽英超射手榜前两名，双双入选赛季最佳阵容。小将斯特林打进9球送出5次助攻，当选欧洲金童奖。此后，苏亚雷斯和斯特林先后离开，留守安菲尔德的斯图里奇因伤难复当年之勇，"3S"组合昙花一现。

利物浦最佳阵容
LIVERPOOL

利物浦是英格兰的传统豪强，历史上曾为其效力的球星众多，几乎每个位置的人选都层出不穷，尤其是锋线位置。此外，利物浦的青训系统非常强大，培养出如欧文、卡拉格、杰拉德、麦克马纳曼和阿诺德这样优秀的英格兰本土球星。

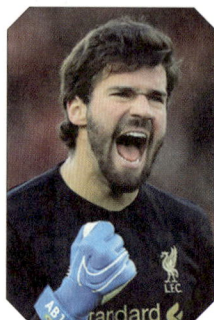

门将 / GK
阿利松·贝克尔

2018/2019赛季，阿利松在38场英超联赛中有21场零封对手，排在门将零封榜首位，并获得英超金手套奖。在欧冠赛场，阿利松化身"叹息之墙"，是球队夺冠的重要功臣。

中后卫 / DC
菲尔吉尔·范戴克

2018/2019赛季，利物浦在38场英超联赛仅丢22球。范戴克领衔的防线可谓固若金汤。据统计，无论在英超还是在欧冠赛场，还没有一名球员能成功晃过范戴克。

中后卫 / DC
萨米·海皮亚

1999年海皮亚来到安菲尔德，为利物浦赢得"三冠王"立下汗马功劳。2002年，海皮亚出任队长，他和卡拉格构成完美的中卫线，成为利物浦登顶欧冠的中坚力量。

中后卫 / DC
杰米·卡拉格

卡拉格的整个职业生涯都在利物浦度过，他既能胜任中后卫，也可打左右边后卫。他工作勤奋又拥有卓越的领导能力，完全可以称为利物浦的精神领袖。

中前卫 / MC
史蒂文·杰拉德

杰拉德9岁便加入利物浦青训营，20岁便成为一线主力。2005年的伊斯坦布尔之夜让杰拉德步入巅峰，正是他的进球吹响逆转的号角，球队最终战胜强大的AC米兰。

中前卫 / MC
格雷姆·索内斯

索内斯是利物浦最好的中场指挥官。1978年欧冠决赛，他助攻格利什打入制胜球。1980/1981赛季，他两度上演"帽子戏法"，帮助球队第4次获得欧冠军。

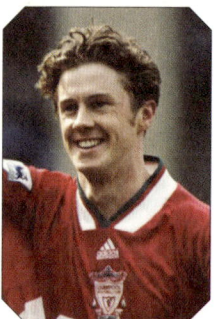

左边锋 / AML
史蒂夫·麦克马纳曼

麦克马纳曼在处子赛季便打进11球，并被评为足总杯决赛的最佳球员。他曾以单赛季送出25次助攻，成为英超助攻王。他和吉格斯也被誉为英格兰最好的两位边锋。

右边锋 / AMR
穆罕默德·萨拉赫

萨拉赫在利物浦的处子赛季就打进44球和14次助攻。其中36场英超联赛打进32球，刷新英超单赛季射手榜纪录，将英超金靴、英超最佳球员等32个奖项收入囊中。

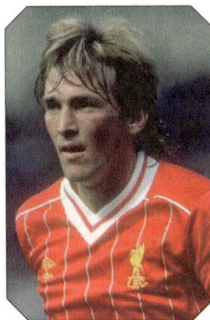

前锋 / ST
肯尼·达格利什

达格利什作为"安菲尔德国王"，不论是球员还是教练身份，他都亲历了"红军"的辉煌时代。在利物浦建队125周年之际，安菲尔德的百年看台更名为"达格利什看台"。

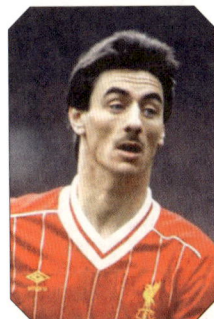

中锋 / CF
伊恩·拉什

拉什不仅是威尔士足球的一代大师，也是利物浦历史最佳射手（进球346个）。他那天马行空的凌空一击，总能让皮球划出优美破门的弧线，他的进球就是球队胜利的保证。

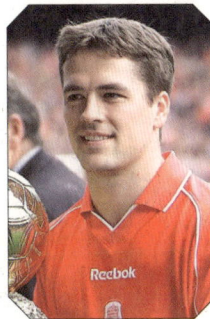

前锋 / ST
迈克尔·欧文

"追风少年"欧文18岁时就在世界杯赛场一战成名，未满20岁的他就蝉联英超金靴奖。在2000/2001赛季，欧文打进24球，帮助"红军"完成"五冠王"伟业。

伊恩·拉什

肯尼·达格利什　　迈克尔·欧文

史蒂夫·麦克马纳曼　　穆罕默德·萨拉赫

史蒂文·杰拉德　格雷姆·索内斯

菲尔吉尔·范戴克　萨米·海皮亚　杰米·卡拉格

阿利松·贝克尔

阵形 3-4-3

● 2015年至今执教利物浦
288场 174胜 67平 47负

利物浦最佳教练

尤尔根·克洛普

"渣叔"克洛普将他那激情、狂野的硬核摇滚风格，完全注入利物浦。他将这支老派劲旅打造成多层次、立体化的进攻王师。在前场进行压迫式逼抢以及疾风暴雨般的快速反击足以摧毁任何对手。更为关键的是，克洛普率领利物浦成为胜利者，将欧冠与英超冠军均收入囊中。

71

曼联档案

- 曼彻斯特联足球俱乐部
  Manchester United Football Club
- 绰号：红魔
- 主场：老特拉福德球场
- 所在地区：英格兰曼彻斯特市
- 成立时间：1878 年
- 队歌：《光荣属于曼联》
- 德比对手：曼城（同城德比）、
  利物浦（西北德比）

红魔

曼彻斯特联

MANCHESTER UNITED

论历史，1878 年起至今，曼联超过 140 年的波澜岁月，足以笑傲群雄，冠绝英伦豪门，光荣属于曼联。

论巨星，一路走来，全世界的天才都汇聚在曼联，而那些耀如灯塔般的连绵群星，共同点亮老特拉福德的璀璨星空。

论成就，20 届英格兰顶级联赛冠军、3 届欧冠冠军、21 届社区盾杯冠军、12 届足总杯冠军……荣耀满载，光荣属于曼联。

论兴衰，"慕尼黑空难"打不倒坚韧的"红魔"，"三冠王"的荣耀停不下勇往直前的曼联，几经浮沉，"红魔"依旧。

查尔顿、贝斯特、罗布森、坎通纳、吉格斯、贝克汉姆、C罗、鲁尼、博格巴……还有执教 27 载的功勋主帅弗格森，在这里，无论光阴如何流转，都无法抹去他们的模样……

英国足球在进入英超时代后，最大的一块金字招牌就是"红魔"曼联。

纵然长久以来，在英格兰足坛年复一年的激烈争霸战中，先后处于霸者地位的不乏其他历史悠久的劲旅，但曼联似乎不论在哪个年代都拥有超乎你想象的影响力和不屈斗志，他们时刻都保持着极强的竞争力。

1878 年，一群酷爱运动的铁路工人自发组建了一支名叫"牛顿希斯"的业余球队，他们都是兰开夏郡和约克郡铁路公司的员工，都因为对足球无比的热爱才走到了一起，才萌生了这个想法，从而成功孕育了这支日后声名响彻世界的足坛豪门。

● "曼彻斯特联"在（除主标题外的）文章与标题中均用简称"曼联"。

老特拉福德球场

　　老特拉福德球场是英国第二大球场，坐落于英格兰大曼彻斯特郡曼彻斯特市内西面，有四个看台，分别为：东看台、查尔顿爵士看台、西看台及弗格森爵士看台。

　　老特拉福德球场可容纳观众75957人，作为曼联队的主场，这里见证了太多荣耀与传奇。置身其中，俯瞰一场群星竞辉的大戏，而这一切如坠梦境，"梦剧场"美誉实至名归。

曼联历史总出场榜

球员	位置	总出场
瑞恩·吉格斯	中场	963场
鲍比·查尔顿	前锋	758场
保罗·斯科尔斯	中场	718场
比尔·福克斯	后卫	688场
加里·内维尔	后卫	602场
韦恩·鲁尼	前锋	559场
阿历克斯·斯特普尼	门将	539场
托尼·邓恩	后卫	535场
丹尼斯·欧文	后卫	529场
乔·斯彭斯	前锋	510场

曼联历史总射手榜

球员	国籍	总进球
韦恩·鲁尼	英格兰	253球
鲍比·查尔顿	英格兰	249球
丹尼斯·劳	苏格兰	237球
杰克·罗利	英格兰	211球
乔治·贝斯特	北爱尔兰	179球
丹尼斯·维奥莱特	英格兰	177球
乔·斯彭斯	英格兰	168球
瑞恩·吉格斯	威尔士	168球
马克·休斯	威尔士	163球
保罗·斯科尔斯	英格兰	155球

曼联荣誉榜

03 三届欧冠联赛冠军

01 一届欧洲联赛冠军

01 一届欧洲超级杯冠军

13 十三届英超联赛(顶级)冠军

07 七届英甲联赛(顶级)冠军

12 十二届英格兰足总杯冠军

05 五届英格兰联赛杯冠军

21 二十一届社区盾杯冠军

✚ ▶ 特别链接：首支三冠王球队

曼联在1998/1999赛季，连续夺得英超联赛、足总杯和欧冠联赛三个冠军，成为英国首支达成这一壮举的俱乐部。同时，他们也首支获得欧冠联赛冠军的英国球队（1968年），也是获得英超联赛冠军次数最多的球队（13次）。

曼联欧冠冠军榜

冠军数	夺冠赛季
3次	1967/1968、1998/1999、2007/2008

曼联英格兰顶级联赛冠军榜

英超冠军数	夺冠赛季
13次	1992/1993、1993/1994、1995/1996、1996/1997、1998/1999、1999/2000、2000/2001、2002/2003、2006/2007、2007/2008、2008/2009、2010/2011、2012/2013

英甲冠军数	夺冠赛季
7次	1907/1908、1910/1911、1951/1952、1955/1956、1956/1957、1964/1965、1966/1967

　　1892 年，英格兰第二级别的足球联赛开始扩军，牛顿希斯正式加入，从业余转为职业的牛顿希斯此后便以"曼联"为名，这个诞生于铁路工人手中的足球俱乐部，就此翻开英国，乃至于世界足球史上的辉煌一页。

　　回眸 20 世纪的曼联，大致可以分为三个阶段，若是将这三个阶段串联在一起，那就是一幅由多位巨星联手泼墨点缀的画，又像是一段充满了坎坷、艰难的励志传奇，而这一切的伊始，得从第一阶段——梅瑞迪斯的故事说起。

　　才华横溢的"威尔士魔术师"比利·梅瑞迪斯是曼联历史第一位球星，他带领曼联迎来队史第一座冠军奖杯，以及第一次辉煌，也注定了这家豪门日后会再次追逐巨星、不断打造巨星的基调。辉煌过后便是谷底，在梅瑞迪斯的故事完结之后，曼联耗时 30 多载才在一位名叫马特·巴斯比的少帅带领下逐步翻身，而这就是第二阶段的故事了。

　　球员时代效力于曼联"死敌"利物浦的巴斯比，拿起教鞭后非常渴望证明自己，更希望重新定义足球的技战术打法，他义无反顾地来到了曼联。

　　1945 年，年仅 34 岁的马特·巴斯比接手曼联。虽然没有任何的执教履历，可是巴斯比却志在天下，他的眼里不只有摆在面前的英格兰顶级联赛、英格兰足总杯，还有全欧洲各国联赛冠军共同争霸的——欧洲冠军杯（欧冠联赛的前身）。

　　巴斯比重用了一批青年才俊来组建曼联，这就是著名的"巴斯比宝贝"。从 1956 年起，这支曼联"青年军"开始席卷整个英伦足坛。1957 年，他们蝉联了英格兰甲级联赛冠军。在称霸欧洲的夺冠拼图中的组成之际，"巴斯比宝贝"浩浩荡荡地出发了，然而，就在此时，一场突如其来的灾难却不幸降临。

1958年2月6日，巴斯比率领"宝贝军团"征战完欧洲冠军杯后准备回国，飞机途经慕尼黑加油时遭遇暴风雪，起飞后不幸坠毁，8名球员遇难。这次空难对曼联无疑是一次毁灭性的打击，但巴斯比得以生还，与他一同苏醒的还有曼联和英格兰的希望——博比·查尔顿。

惨痛的"慕尼黑空难"也没有打倒曼联，反而让他们变得更加坚强。最终在"红魔三圣"（查尔顿、乔治·贝斯特和丹尼斯·劳）的带领下，球队克服千辛万苦，终于在1968年问鼎欧洲冠军杯。

曼联接下来的另一个盛世要从1986年开始说。从世界杯上铩羽而归的亚历克斯·弗格森接过曼联的教鞭，这位脾气火爆、性格固执，却总能以弱胜强的45岁少帅，正式驾临老特拉福德。

执教曼联之后，弗格森引进埃里克·坎通纳和彼得·舒梅切尔，并用一支自己亲手打造起来的"青年军"一步步打遍天下无敌手。

1992年，英格兰足坛进入英超的时代，在与以往截然不同的联赛运营模式和体系下，各方资本和盈利任务开始一步步渗入足球，不过对于弗格森和曼联来说，这一切恰好助力"红魔"快速发展、成就霸业的东风！

就在1992年，曼联青年队夺得了青年足总杯赛冠军。冠军班底里有10名球员一起选入曼联一线队。其中大多是日后闪亮的名字：瑞恩·吉格斯、保罗·斯科尔斯、大卫·贝克汉姆、内维尔兄弟（加里·内维尔和菲尔·内维尔）、尼基·巴特……"92班黄金一代"在此刻横空出世。

陣容华丽的"92班黄金一代"再加上坎通纳、舒梅切尔、罗伊·基恩、"黑风双煞"（安迪·科尔和德怀特·约克）等名将，"红魔军团"从此气吞河山，连续夺得不计其数的荣誉。

1992/1993赛季，曼联夺得阔别26年的顶级联赛冠军奖杯，这仅是王朝的序曲。1996/1997赛季，"红魔"卫冕英超联赛冠军。

1998/1999赛季是曼联历史上最风光的一季，他们一举拿下欧洲冠军杯、英超联赛冠军、英格兰足总杯冠军，成为英格兰历史上首个"三冠王"。

此后，曼联更是连续雄霸英格兰足坛，11年中8次收获英超联赛冠军。2003年夏天，切尔西强势崛起。2004年，阿森纳以不败战绩称雄英超；2005和2006年，切尔西蝉联英超冠军，曼联只收获了足总杯和联赛杯。

随着新一代曼联"双子星"鲁尼和C罗的崛起，"红魔"重新夺回了属于他们的霸权地位。2006/2007赛季，他们在不被看好的情况下，提前两轮成功登顶英超冠军，这是曼联15年来的第9个英超联赛冠军。

2009年，曼联实现英超联赛三连冠。同年夏天，C罗转会到皇马，曼联"双子星"只剩下鲁尼一人。2009/2010赛季的英超冠军也被切尔西夺走，曼联无缘创造英超四连冠的神迹。2010/2011赛季，曼联夺得俱乐部历史上第19座英格兰顶级联赛冠军奖杯，力压利物浦的18冠，成为名副其实的"英伦之王"。2012/2013赛季，曼联提前4轮夺得本赛季英超冠军，这是"红魔"第20次夺得英格兰顶级联赛冠军。

2013年，年过七旬的弗格森告别帅位。他执教曼联27载，超越巴斯比爵士，成为曼联最伟大的主教练。他培养出"92班黄金一代"，率领曼联赢得38座冠军奖杯，完成20冠顶级联赛冠军的伟业，先后两次登上欧冠之巅，"三冠王"更是震古烁今。

在弗格森的倾力打造下，曼联成为全世界人气最高、收入最高、影响力最大、造星能力最强的职业足球俱乐部，也是英格兰足球英超时代最闪亮的一块金字招牌。

弗格森告老还乡后，曼联从此进入"后弗格森时代"——一个群龙无首的庸常时代。虽然穆里尼奥指教的两个赛季中率队拿下小"三冠王"（欧洲联赛、联赛杯和社区盾杯）和英超亚军，但俱乐部高层和球迷更希望拿到真正的"三冠王"。

2018年12月，在"狂人"穆里尼奥下课后，顶着昔日"诺坎普英雄"光环重回老特拉福德球场的奥勒·居纳尔·索尔斯克亚来执教曼联，开始按照他的理念构建新一代。

2019/2020赛季，索尔斯克亚掌印的首个完整赛季，小将云集的曼联在不被人看好的情况下，杀进欧联杯四强并取得英超季军，成绩尚可。唯独可惜的是，他们没能收获一座冠军奖杯。随着"年轻化"进程的完成，阿隆·万-比萨卡、马库斯·拉什福德、斯科特·麦克托米奈和梅森·格林伍德等小将逐渐成熟，曼联的未来还是值得期待。

如果你喜欢曼联，喜欢曼联永不言败的精神、气吞河山的攻势、珠联璧合的中场，那不妨多看看"红魔"往事，那些连绵如峰的过往是如此的立体、鲜活。

"红魔"球迷永远铭记那句话：Once a red, Always a red！光荣永远属于曼联！

鲁尼

曼联王牌射手

WAYNE ROONEY

他是"红魔"睥睨天下的君主，他是曼联历史上的射手王，他是老特拉福德球场上封喉索命的利刃。他是弗格森眼中英格兰足坛三十年不遇的天才。虽然鲁尼已离开老特拉福德，十三载"红魔"岁月已成往事，但他是曼联永不消散的斗魂。

刀锋一样犀利、旋风一样迅疾，曼联的"左翼之王"就像划过老特拉福德球场的那道闪电。从1990年到2014年，从青葱少年到鬓染白霜，他把一生都献给曼联，他是"红魔"一面猎猎如风的战旗。

代表曼联出场

963

代表曼联进球

168

吉格斯

曼联传奇巨星

RYAN GIGGS

虽然"贝影"已远，但从未离去。人们总喜欢留恋那位齿白唇红的俊美少年，那如天边弦月一般美妙的弧线，那段阳光明媚的昂扬岁月，那永远留在老特拉福德的绝世容颜。

代表曼联出场

394

代表曼联进球

85

贝克汉姆

曼联传奇巨星

DAVID BECKHAM

曼联经典组合 / 黄金中场

吉格斯 + 基恩 + 斯科尔斯 + 贝克汉姆

由瑞恩·吉格斯、保罗·斯科尔斯、大卫·贝克汉姆和罗伊·基恩组成教科书般的"黄金中场"。四人特点鲜明，在"老爵爷"弗格森的经典"442"阵形中，吉格斯和贝克汉姆两翼齐飞，吉格斯速度奇快、突破犀利，屡屡上演单骑闯关的好戏；贝克汉姆的"黄金右脚"传球落点极佳，并拥有一脚精湛的任意球功夫，其招牌"圆月弯刀"更是名满天下；"生姜头"斯科尔斯组织能力出众，大力远射也是其撒手锏；而队长基恩攻守兼备，作风硬朗，与斯科尔斯一前一后完美互补。

"黄金中场"联手为曼联赢得了6届英超联赛冠军、1届欧冠联赛冠军、2届次足总杯冠军、1届联赛杯冠军和1届丰田杯冠军，是"红魔"曼联20世纪90年代中后期称霸英超和欧冠的基石。

曼联经典组合 / 老特拉福德城墙

费迪南德 + 维迪奇

无论何时，只要评选世界足坛的经典中卫组合，内马尼亚·维迪奇和里奥·费迪南德一定榜上有名。维迪奇擅长盯人和高位逼抢，费迪南德补位预判能力出色，两人一刚一柔，完美互补，他们在老特拉福德门前筑起了一道坚不可摧的城墙，让对方的前锋们一次次无功而返。

2006/2007赛季，维迪奇和费迪南德领衔的曼联防线在英超联赛中仅丢27球，帮助球队加冕英超联赛冠军。2007/2008赛季，曼联夺取英超联赛和欧冠联赛"双冠王"，38场英超联赛仅失22球，欧冠联赛13场比赛仅失6球，老特拉福德城墙更是坚不可摧。

2008/2009赛季，维迪奇、费迪南德组合和门将范德萨一起严守曼联的防线，创造了英超联赛1311分钟的不失球纪录。

合作8年间，维迪奇和费迪南德随曼联赢得15座冠军奖杯。虽然时过境迁，"老特拉福德城墙"依然在每一位曼联球迷的心中矗立，巍峨庄严。

曼联经典组合/红魔三少
鲁尼 + C罗 + 特维斯

2007年夏天，阿根廷"野兽"特维斯从西汉姆联以租借形式来到老特拉福德，与鲁尼和C罗组成了威震天下的前场"三叉戟"。彼时，鲁尼22岁、C罗23岁、特维斯24岁，"红魔三少"意气风发，他们都拥有过人的速度，随时可能像闪电一样杀入对手禁区，破门得分。

2007/2008赛季，曼联不但成功卫冕英超联赛冠军，并且在时隔9年之后，再次夺得欧冠冠军。"红魔三少"在各项赛事中合力攻入79球、助攻30次。其中，C罗攻入42球；特维斯在"红魔"的处子赛季攻入了19球；鲁尼也有18粒进球14次助攻入账。

2008/2009赛季，"红魔三少"又联手为曼联夺得俱乐部历史上第18个顶级联赛冠军。虽然三人只合作了两个赛季，但曼联名宿加里·内维尔对他们赞赏不已："要说英超最好的锋线三人，你可以说马内、萨拉赫和菲尔米诺，但他们明显不如巅峰期的特维斯、鲁尼和C罗。"

曼联经典组合/红魔三圣
查尔顿 + 贝斯特 + 劳

纵观世界足坛，诞生过不少叱咤风云的"三叉戟"组合，但"红魔三圣"乔治·贝斯特、丹尼斯·劳和博比·查尔顿的"三叉戟"组合是独特的存在——从1964年到1972年，"红魔三圣"总计为曼联踢了1633场比赛，打入665球，三人均获得欧洲金球奖的殊荣，放眼如今都堪称罕见。

"足球绅士"查尔顿是中场核心，掌握着球队的攻防节奏；丹尼斯·劳有着"进球机器"的称号，至今仍占据曼联队史射手榜第三位；乔治·贝斯特是"红魔"7号奠基人，集颜值与球技于一身。

1964/1965赛季，曼联在开局前6轮只取得1场胜利，"红魔三圣"率领球队奋起直追实现大逆转，以净胜球优势力压利兹联夺冠，实现"慕尼黑空难"后首次联赛夺冠。

1968年，贝斯特、丹尼斯·劳和查尔顿率领曼联在温布利以4比1击败本菲卡，成为首支夺得欧冠冠军的英格兰球队。

2008年5月29日，是曼联赢得第一座欧冠奖杯40周年纪念日，老特拉福德球场为"三圣"竖起了一块名为"Holy Trinity"（神圣三人组）的雕像，以表彰他们的伟大功绩。

曼联最佳阵容
MANCHESTER UNITED

曼联历史主要是以英国本土巨星为主，从巴斯比时期的"三剑圣"。到弗格森时期的"92班黄金一代"。当然，除了优秀的本土球星以外，从英超时代开启后，也大批引入如舒梅切尔、坎通纳、维迪奇、范尼斯特鲁伊、范德萨和C罗等优秀外援。

门将 / GK
彼得·舒梅切尔

从1992年"丹麦童话"，到1999年"三冠王"，舒梅切尔都是奇迹的缔造者。他也是英格兰联赛首位达到百场零封的门将。他为曼联效力8个赛季、镇守球门398场。

左后卫 / DL
丹尼斯·埃尔文

埃尔文被认为是"红魔"历史最好的左后卫。他效力曼联13年，将自己最美好的光阴奉献给了球队。由于稳健的球风以及尽职尽责的态度，被称为"好好先生"。

中后卫 / DC
里奥·费迪南德

费迪南德身体极为出色，头球与防守技术均堪称一流。他随曼联缔造了主场14连胜，以及五年内四夺英超冠军的一系列辉煌战绩，费迪南德堪称曼联最坚韧的一道防线。

中后卫 / DC
史蒂夫·布鲁斯

布鲁斯是弗格森打造"红魔王朝"的基石之一。他脚法硬朗，球风强悍，同时他的进攻能力也很强。作为一名后卫，他为曼联效力414场比赛，竟然能打进51球。

右后卫 / DR
加里·内维尔

加里·内维尔出自"92班黄金一代"，整个20世纪90年代的曼联右路都是由内维尔来镇守。作为曼联的队长，内维尔其漫长18年的职业生涯都在曼联度过。

后腰 / DM
罗伊·基恩

基恩脾气火爆，风格强悍，并且攻守兼备。作为曼联历史上最伟大的铁血队长，基恩总能在场上激发起"红魔"的高昂斗志。他也是曼联"三冠王"王朝的主要奠基者。

左前卫 / ML
瑞恩·吉格斯

吉格斯是"92班黄金一代"最早脱颖而出的人，也被认为是20世纪90年代最好的左边锋。从17岁的翩翩少年，到41岁的中年男人，他把最好的岁月都留在球队。

右前卫 / MR
大卫·贝克汉姆

贝克汉姆同样来自"92班黄金一代"，他的"圆月弯刀"是曼联克敌制胜的法宝，其定位球技术炉火纯青。贝克汉姆球风飘逸，加上面容英俊，成为球迷心中的"万人迷"。

前腰 / AMC
保罗·斯科尔斯

"生姜头"斯科尔斯出自"92班黄金一代"，他的出现使人们不再怀念坎通纳。斯科尔斯的视野、大局观和传球都极为出色，他的后排插上总让对手猝不及防。

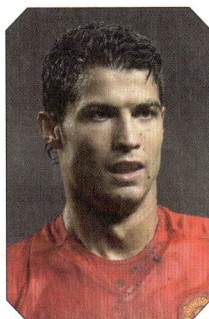

前锋 / ST
克里斯蒂亚诺·罗纳尔多

C罗出道只是一名盘带花哨的边锋，但在曼联的6年时光，已被打造成一名全能前锋。292场比赛中打进118球，3获英超金靴，还获得欧洲金球奖和世界足球先生。

前锋 / ST
博比·查尔顿

查尔顿作为"慕尼黑空难"的幸存者，率领曼联重振雄风，不仅重夺联赛冠军，还登顶欧洲巅峰。他效力曼联17个赛季，出场758场，进进249球，高居历史射手榜次席。

1986—2013年执教曼联
1500场 895胜 338平 267负

克里斯蒂亚诺·罗纳尔多　博比·查尔顿

保罗·斯科尔斯

瑞恩·吉格斯　　　　大卫·贝克汉姆

罗伊·基恩

丹尼斯·埃尔文　　　　　　　加里·内维尔

里奥·费迪南德　史蒂夫·布鲁斯

彼得·舒梅切尔

阵形 4-4-2

〈曼联最佳教练〉
亚历克斯·弗格森

执教曼联27载，率队赢得38座冠军奖杯，培养了"92黄金一代"，1999年"三冠王"更是震古烁今。伟大的弗格森爵士，如灯塔般照耀曼联的航程。执教27年，其战术打法一直紧跟时代潮流而变，唯一不变的是他给予曼联的坚韧与顽强，以及他"吹风机"式的训话，总能激励出球员最大的能量。

切尔西档案
● 切尔西足球俱乐部
  Chelsea Football Club
● 绰号：蓝军
● 所在地区：英格兰伦敦市
● 成立时间：1905 年 3 月 10 日
● 主场：斯坦福桥球场
● 队歌：《蓝色是我们的色彩》
● 德比对手：阿森纳、热刺（西北伦敦德比）；布伦特福德、富勒姆、女王公园巡游者（西伦敦德比）

蓝军
切尔西
CHELSEA
FOOTBALL CLUB

> 切尔西，这个充满艺术气息的名字，却有着泾渭分明的铁血精神。他们是异军突起的蓝色狂飙，穆里尼奥、佐拉、特里、马克莱莱、兰帕德、切赫、特里、德罗巴、阿扎尔……在深邃浓郁的深蓝旗帜下，切尔西孕育出性格鲜明的"蓝狮"群星。
>
> 斯坦福桥体育场，这里从不缺少动人心魄的英雄史诗，也从不缺少璀璨夺目的绿茵巨星。他们坚强铁血，信仰如蓝。

切尔西是 21 世纪新近崛起的英超豪门，它位于泰晤士河畔的西伦敦地区，是英格兰足球职业联赛进入英超时代后，第二支快速崛起的豪门（第一支是"钢铁大王"杰克·沃克投资的布莱克本），第一支快速崛起的伦敦豪门。它以刚猛、稳健的特点谱写了一曲独属于蓝色的完美赞歌，而它更是英格兰足球史上一位不可多得的拓荒者。

一百多年前的秋天，有一位名叫古斯·米尔斯的体育发烧友，他无比热爱足球，可那时候的伦敦却没有一支身处英格兰顶级联赛的球队，所以他非常看好足球在伦敦的市场前景，从而决心进入足球行业，开始扮演一个伦敦足球拓荒者的角色，争取自己建立起一个可以进入顶级联赛的俱乐部。

不过，米尔斯的思路和其他经营足球俱乐部的人截然不同，别人都是先成立俱乐部，后招募球员，接着再考虑将哪座体育场设为自己的主场，而米尔斯则是先从球场着手。

斯坦福桥球场

　　球场位于伦敦富勒姆区，由于临近斯坦福桥河的一座桥梁（斯坦福桥）而得名。场地最早属于一家田径俱乐部，1904年改成足球场。1905年，古斯·米尔斯创立切尔西，该球场正式成为"蓝军"的主场。斯坦福桥是英超联赛第九大球场，可容纳观众容42522人。

切尔西历史总射手榜

球员	国籍	总进球
弗兰克·兰帕德	英格兰	211球
鲍比·坦布	英格兰	202球
凯里·迪森	英格兰	193球
迪迪埃·德罗巴	科特迪瓦	164球
罗伊·本特利	英格兰	150球
彼得·奥斯古德	英格兰	150球
吉米·格里夫斯	英格兰	132球
乔治·米尔斯	英格兰	125球
埃登·阿扎尔	比利时	110球
乔治·希尔斯顿	英格兰	108球

切尔西历史总出场榜

球员	位置	总出场
罗恩·哈里斯	后卫	795场
皮特·博内蒂	门将	729场
约翰·特里	后卫	717场
弗兰克·兰帕德	中场	648场
约翰·霍林斯	后卫	592场
彼得·切赫	门将	494场
丹尼斯·怀斯	中场	445场
史蒂夫·克拉克	后卫	421场
凯里·迪克森	前锋	420场
埃迪·麦卡迪	后卫	410场

切尔西欧冠冠军榜

冠军数	夺冠年赛季
1次	2011/2012

切尔西英格兰顶级联赛冠军榜

英超冠军数	夺冠赛季
5次	2004/2005、2005/2006、2009/2010、2014/2015、2016/2017
英甲冠军数	夺冠赛季
1次	1954/1955

　　按照米尔斯的思路，买下斯坦福桥球场后，便开始招募球员筹措球队。1905 年 3 月 14 日，米尔斯在伦敦的"屠夫之钩"酒馆里勾勒蓝图 —— 切尔西足球俱乐部诞生了。

　　1912 年，"切尔西之父"米尔斯去世，切尔西在悲痛之中磕磕绊绊走上正轨。虽然没能夺得任何一项冠军，最好成绩不过是联赛的第八名，其间还降级过一次，但这些都是一支球队发展路上的必经阶段。

　　1935 年，在一场切尔西对阵阿森纳的比赛中，斯坦福桥涌入了 82905 人，创造了英格兰顶级联赛的上座率纪录。彼时，雄踞英格兰足坛的阿森纳不可一世，切尔西为了与之抗衡，高举"巨星政策"，引进了亨利·法尔克、乔治·希尔斯登这样的球星，可惜未能在成绩上有所突破。

　　"二战"结束后，斯坦福桥球场在"伦敦大轰炸"中完整保存下来，切尔西似乎因此在冥冥之中得到了上天的眷顾，也随之进入历史上第一个辉煌的时期。

　　1954/1955 赛季，原阿森纳当家射手特德·德拉克坐镇切尔西，一帮来自低级别联赛和业余联赛的球员被他点石成金。"大黑马"切尔西最终还是一黑到底，历史上首次夺得英格兰顶级联赛的冠军。此时，恰逢切尔西成立 50 周年，米尔斯曾经无比渴望的冠军奖杯，终于收入"蓝军"囊中，切尔西这个名字瞬间变得家喻户晓。

　　之后，吉米·格里夫斯、彼得·奥斯古德，两位超级射手先后横空出世，切尔西一度也成为杯赛赢家，就连那个时代的绝对王者——利兹联和皇马，也相继在足总杯和欧

洲优胜者杯的比赛中败给过切尔西。

然而在辉煌的背后也有许多无奈。切尔西为了扩建斯坦福桥而背上了沉重的债务，不仅不得不卖掉当家射手奥斯古德，后来又卖掉他们的家——斯坦福桥球场。

想当年，因为先有斯坦福桥才有的切尔西，而斯坦福桥球场被迫卖掉，等于切尔西丢掉自己的家。20世纪70年代，曼联和利物浦称霸欧洲，英格兰队还夺得世界杯冠军，英国足球达到前所未有的辉煌，而落魄的切尔西却度日如年。不过，幸好在此时它遇到了挽救自己的伦敦商人肯·贝茨。

肯·贝茨花了十年的时间打官司，终于将斯坦福桥球场赢回来，切尔西也从此进入一个新时代。

1990年之后，英甲时代即将落幕，英超时代就要来临。在财政、盈利的双重驱使下，切尔西为了扩大影响力、提升成绩，进入了"养老院"时期，多位在意甲难觅主力位置的球星陆续来到这里，其

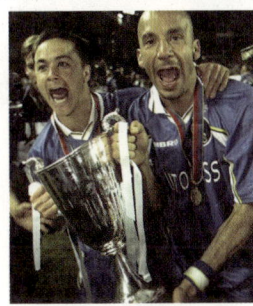

中不乏：路德·古利特、詹卢卡·维亚利、吉安弗朗哥·佐拉、罗伯特·迪马特奥等。

虽然收获了一些杯赛冠军，但切尔西还是无法与曼联、利物浦、阿森纳等豪强相提并论。

2003年夏天，切尔西因为再次扩建斯坦福桥球场而债务缠身，不得不将自己挂牌出售。

来自俄罗斯的富豪罗曼·阿布拉莫维奇全盘接过切尔西俱乐部。在这位俄罗斯富豪的雄厚资金支持下，切尔西斥资超过1亿英镑用于引援，乔·科尔、塞巴斯蒂安·贝隆、克劳德·马克莱莱和埃尔南·克雷斯波等名将先后加盟。

从此，伦敦不只有阿森纳和热刺的"二人转"，同样也有了切尔西。

可惜的是，在英超联赛冠军的争夺上，克劳迪奥·拉涅利执教的切尔西还是输给阿森纳；在欧冠1/4决赛中，被摩纳哥淘汰，拉涅利无法驾驭众星云集的切尔西，这里还缺一位好教练。

2004年6月，阿布拉莫维奇为了夺冠，再次一掷千金，将何塞·穆里尼奥带到斯坦福桥。这位时年41岁的"狂人"教练，刚刚率领波尔图横扫欧洲足坛，站上欧冠之巅。

在俄罗斯老板鼎力支持下，穆里尼奥尽情地在切尔西施展才华，一条由"彼得·切赫、约翰特里、弗兰克·兰帕德、迪迪埃·德罗巴"构成的世界级中轴线由此产生，而"双翼"阿尔杰·罗本与达米恩·达夫，也开始闪电反击。

在穆里尼奥的率领下，切尔西连续两个赛季拿到了英超联赛冠军，开始了英伦的蓝色统治。

穆里尼奥在3个赛季中夺得6个冠军，唯一未能染指的便是欧冠。利物浦的"幽灵进球"以及阿西尔·德尔奥尔诺的红牌，

成为切尔西人永远的痛，而穆帅则留下了那句"11对11，巴萨从未战胜过我们"的誓言。

2007年9月20日，因为无法妥善处理切尔西的内部问题，穆里尼奥黯然下课，这也是以后"狂人"下课的一贯理由。

"救火"教练阿夫兰·格兰特接替穆里尼奥，

切尔西在斯坦福桥的雨夜与利物浦上演加时鏖战，兰帕德罚中点球，留下跪地告慰母亲的经典画面。切尔西首次杀入欧冠决赛。

2008年5月，在莫斯科卢日尼基秋场的巅峰对决中，还是败给曼联。

彼时，阿布拉莫维奇无比渴望欧冠冠军，可是穆里尼奥的继任者：菲利

佩·斯科拉里、卡尔洛·安切洛蒂、古斯·希丁克等名帅均未能让他如愿。2012 年 3 月，罗伯特·迪马特奥临时出任切尔西的"救火"主帅，竟然率队奇迹般地过关斩将，最终杀入欧冠决赛。

回首晋级之路，无比艰辛，迪马特奥率领切尔西在欧冠 1/4 决赛中双杀击本菲卡之后，半决赛遭遇梅西领衔的巴萨。两回合战罢，切尔西以 3 比 2 的总比分淘汰"宇宙队"，昂首进入欧冠决赛，留下了"金童"托雷斯单刀破门的俊逸身影。

2012 年 5 月 20 日，欧冠决赛，切尔西与拜仁会师在慕尼黑安联球场。双方鏖战 80 分钟均无建树。最后 10 分钟，拜仁的托马斯·穆勒率先攻入几乎锁定胜局的进球。

德罗巴用一记头球挽救切尔西，将比分扳成 1 比 1 平。此后双方经过加时赛苦战，依旧未能破门，直接进入点球大战。最终切尔西通过点球大战以 4 比 3 击败拜仁，也击碎了"德国球队逢点必胜"的神话，"蓝军"首次捧起欧冠联赛冠军奖杯。

接下来的几个赛季，曼城在中东资本的加持下忽然崛起，而切尔西毫不示弱，"二进宫"的穆里尼奥与意大利人安东尼·孔蒂为斯坦福桥再添两座英超联赛冠军，从而让切尔西正式成为英超的招牌——"BIG6"之一。

2019 年夏天，毛里奇奥·萨里下课，兰帕德接过教鞭，这盏昔日照亮斯坦福桥的"神灯"终于重回故里。在切尔西遭遇转会禁令无法引援之际，兰帕德率领一帮年轻球员，驾驶这艘"切尔西战舰"，乘风破浪，砥砺前行。

刚猛、强硬、坚韧、英勇无畏，这就是"铁血蓝军"的特质。穆里尼奥将足球实用主义的精髓注入切尔西的血脉，而兰帕德也依此前行，铁血风骨，永远传承。

代表切尔西出场

381

代表切尔西进球

164

德罗巴

切尔西王牌射手

DIDIER DROGBA

两座英超金靴、四届英超冠军，并在欧冠慕尼黑决战中，奉献金子般的头槌破门以及点球决胜，德罗巴将高光全部留给切尔西，他是只属于蓝军的"魔兽"。

2009/2010 赛季，德罗巴帮助切尔西首次成为英超联赛和足总杯的"双冠王"，更以 29 粒进球加冕英超最佳射手，并在所有赛事中打进生涯新高的 37 球。

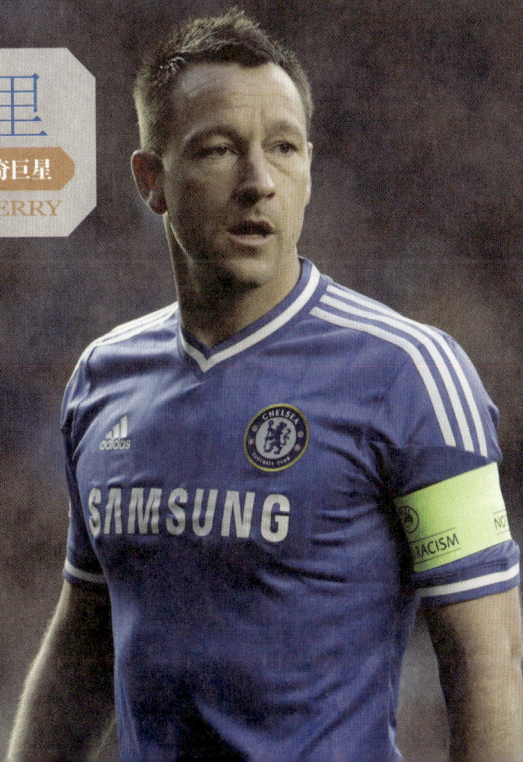

代表切尔西出场

648

代表切尔西进球

211

兰帕德是英超最强的攻击型中场，也是切尔西历史射手王。如果说切尔西是破浪深海的战舰，那么兰帕德就是斯坦福桥那盏高耸入云的灯塔，永远照耀"蓝军"的航程。此外，他连续出战 164 场，创造英超球员连续出场纪录，堪称"斯坦福桥的铁人"。

特里领衔的后防线创下了英超单赛季丢球最少的纪录，虽然经历过 2008 年欧洲冠军联赛决赛之夜上的点球之殇，但特里仿佛一座坚固的丰碑一般，永远屹立在斯坦福桥。

代表切尔西出场

717

代表切尔西进球

67

切尔西经典组合 / 铁三角

特里 + 兰帕德 + 德罗巴

特里、兰帕德、德罗巴，这是一条不折不扣的超级中轴线。很多人正是因为他们喜欢上切尔西，成为一名"蓝军"球迷。

作为一名世界级中卫，特里在球场上强悍硬朗却又不失冷静，一夫当关万夫莫开；"神灯"兰帕德是中场攻防枢纽，后排插上和远射能力出众，是英超历史进球最多的中场球员，也是切尔西历史第一射手；"魔兽"德罗巴身体素质一流，爆发力惊人，是所有后卫的噩梦。他为切尔西出战381场，打进164球并有71次助攻，在斯坦福桥逐渐成为一名世界级中锋。

从2004年穆里尼奥开启切尔西全新时代，到迪马特奥率领"蓝军"登上欧洲之巅，由特里、兰帕德以及德罗巴构成的这条中轴线始终是"蓝军"的主心骨。"铁三角"合作期间，为切尔西赢得了1届欧冠联赛冠军、3届英超联赛冠军、4届足总杯冠军和2届联赛杯冠军。

切尔西经典组合 / 旋风双翼
罗本 + 达夫

　　提起阿尔杰·罗本，很多人会想到"罗贝里"组合。事实上，早在遇到里贝里之前，"小飞侠"罗本就与爱尔兰边锋达米恩·达夫组成"旋风双翼"组合，叱咤风云，笑傲英伦。

　　2004年夏天，刚刚20岁的罗本登陆英超，与达夫担任双边锋，在斯坦福桥球场上肆意驰骋。罗本与达夫两翼齐飞，加上中路"魔兽"德罗巴攻城拔寨，切尔西打造出边中结合的经典范本。2004年11月，在与莫斯科中央陆军的欧冠小组赛中，"旋风双翼"联袂首发就默契十足。罗本直塞，达夫脚后跟回做，罗本完成致命一击！这类场景之后不断上演。

　　2004/2005赛季和2005/2006两个赛季，罗本与达夫的"旋风双翼"在各项赛事中合力交出了29粒进球和33次助攻的豪华数据单，帮助切尔西蝉联英超联赛冠军。

　　上帝给了罗本一只神奇的左脚，却夺走了他的健康。很多人都坚信，如果没有伤病，健康的罗本与达夫合作一定能取得更大的成就。可惜在2006/2007赛季，饱受伤病困扰的罗本不得不选择休战，"旋风双翼"也因此谢幕，他们的合作仅仅持续了三年时间。

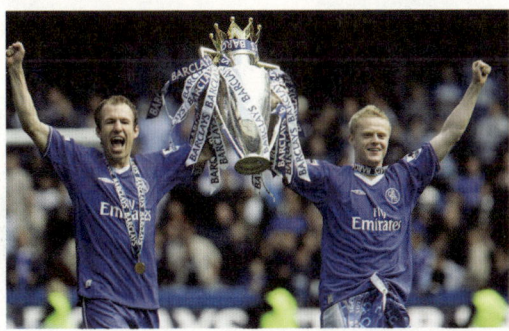

97

切尔西最佳阵容
CHELSEA

切尔西历史效力球星众多，虽然每位球迷都能选出自己心中的最佳11人阵容。但德罗巴、特里、兰帕德和切赫这"四大中轴线"却是球迷心中铁打不动的最佳。

门将 / GK
彼得·切赫

切赫3次获得英超金手套奖，还创造英超连续1025分钟零封纪录。2006年头骨骨折伤愈后，切赫都戴着保护头套来参加比赛。"头盔侠"绰号也由此而生。

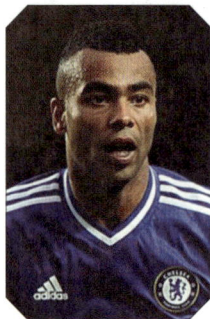

左后卫 / DL
阿什利·科尔

科尔是21世纪英格兰最好的左后卫，他速度奇快、冲劲十足，擅长压上助攻。科尔不论在俱乐部还是在国家队，都是绝对主力。他效力切尔西8个赛季，出场高达338次。

中后卫 / DC
罗恩·哈里斯

哈里斯是英国20世纪六七十年代最强硬的后卫，绰号"牛刀"。1966/1967赛季，他成为最年轻队长率队获得队史首座足总杯冠军和欧洲优胜者杯冠军。

中后卫 / DC
约翰·特里

特里身材高大、拦截凶悍、位置感极佳。他不仅是切尔西的铁血队长，还是后防核心。特里领衔钢铁防线，曾帮助切尔西创造单赛季（仅失15球）联盟失球最少纪录。

右后卫 / DR
塞萨尔·阿斯皮利奎塔

阿斯皮利奎塔能胜任后场多个位置，是一名"万金油"球员，他也是切尔西防守体系珠联璧合的重要一环。边路传中是阿斯皮利奎塔的拿手好戏，他曾被称为"传中狂人"。

后腰 / DM
克劳德·马克莱莱

作为世界级的工兵型中场球员，马克莱莱加盟切尔西时已经年逾30岁，但他依旧保持顶级水准。正是有了他的存在，才完美地平衡球队的攻防，切尔西也留下了"马克莱莱位置"。

中前卫 / MC
弗兰克·兰帕德

兰帕德是切尔西的象征与传奇，也是英超旗帜式的人物。他为切尔西攻入211粒进球，成为队史射手王。此外，身为"铁人"的他还创造英超联赛连续164场首发的出场纪录。

中前卫 / MC
丹尼斯·怀斯

怀斯加盟切尔西的首个赛季就攻入13球，迅速成为球迷的新宠。虽然身材矮小，但怀斯性格火暴、球风强悍、拼抢凶狠、拼劲十足，有着"疯狂老鼠"的绰号。

左边锋 / AML
埃登·阿扎尔

阿扎尔是切尔西进攻的绝对核心，他也曾被认为是继C罗、梅西之后最好的球员。阿扎尔精通各种突破、传球以及射门之道。他曾荣获英超最佳球员以及世界杯银球奖。

右边锋 / AMR
吉安弗朗哥·佐拉

"矮脚虎"佐拉拥有细腻华丽的个人脚法以及精湛的任意球功夫，是一位技术流大师。他让切尔西的进攻发生了质的飞跃，被评为切尔西历史最伟大的球员之一。

中锋 / CF
迪迪埃·德罗巴

"魔兽"德罗巴是切尔西历史上无可争议的最佳中锋。他拥有顶级锋霸的所有特质。德罗巴在欧冠决赛用一记史诗般头球破门，为切尔西登顶巅峰立下旷世功勋。

迪迪埃·德罗巴

埃登·阿扎尔　　　　吉安弗朗哥·佐拉

弗兰克·兰帕德　　丹尼斯·怀斯

克劳德·马克莱莱

阿什利·科尔　　　　塞萨尔·阿斯皮利奎塔

罗恩·哈里斯　　约翰·特里

彼得·切赫

阵形 4-3-2-1

切尔西321场204胜69平48负 ● 2004—2007年、2013—2015年执教切尔

切尔西最佳教练
何塞·穆里尼奥

穆里尼奥来到切尔西的首个赛季，便率队夺得英超冠军，接下来又卫冕成功，创造了名动一时的"蓝狮"神话。穆里尼奥善于利用强悍、快速、简洁和高效的反击战术来克敌制胜。敢于采用赌博式的多前锋进攻。

至于他那口无遮拦的"怒怼"，更加让"狂人"形象立体、鲜明。

阿森纳档案

- 阿森纳足球俱乐部
  Arsenal Football Club
- 绰号：兵工厂、枪手
- 所在地区：英格兰伦敦市
- 成立时间：1886 年 10 月
- 主场：酋长球场
- 队歌：《热门》
- 德比对手：热刺（北伦敦德比）、
  切尔西（西北伦敦德比）

兵工厂
阿森纳
ARSENAL FOOTBALL CLUB

海布里球场留下的不只是"枪王"亨利的深邃目光，还有温格老帅那清癯身影，以及博格坎普、赖特、亚当斯、皮雷那些衣袂如飞的"枪手"们，跃马扬鞭、并辔而行。

49 场不败、夺冠赛季未失一场，让我们看到华丽足球的最好模样。阿森纳曾经有过很多高光时刻，"枪手"的每一次鸣枪都能令风云激荡，也给枪迷们留下永生难忘的印迹。

七枪震英伦，阿森纳的七声枪响，让"兵工厂"的大炮横亘在英格兰足球豪强的版图之上。

如果你是一名"枪迷"，肯定对于阿森纳的历史耳熟能详。阿森纳最初是一支业余球队，曾用"皇家阿森纳""伍尔维奇阿森纳"做过队名。球队最开始只能参加足总杯或友谊赛，后来球队改名"伍尔维奇阿森纳"在乙级联赛打拼。直到 1913 年，阿森纳终于搬进海布里球场，次年，俱乐部正式更名阿森纳，并沿用至今。

"一战"爆发让英格兰顶级联赛停摆四年，联赛重启之后，阿森纳得到幸运女神的眷顾，从热刺手里抢到入场券，升到英格兰顶级联赛，打响了震惊英伦足坛的"第一枪"。此后，阿森纳更是在英格兰顶级联赛中保持全勤，从来没有降级或者缺席过。

阿森纳的"第二枪"，则是赫伯特·查普曼推出领先时代的"WM"阵形。查普曼将球队原有的"235"阵形变阵为"3223"阵形，大幅提升了中场的控制力，打法也更具侵略性，让其他球队防不胜防。阿森纳也终于在 1929/1930 赛季首夺足总杯冠军，这也是球队历史上的首个冠军，大大鼓舞了"枪手"的士气。

随后的 1930/1931 赛季，阿森纳连续打出 5 比 1 胜切尔西、4 比 1 胜曼城、9 比 1 胜格林姆斯比、7 比 2 胜莱斯特城这样的大比分，毫无悬念地首夺英格兰顶级联赛冠军。

酋长球场

　　酋长球场是英格兰第四大球场，全部是四层看台，最上层和最下层为标准座位，共51071个。中间属于高级座位和各种不同规格的贵宾包厢共7139个。其中最具特色的就是场馆外侧的八幅大型壁画，由32位传奇球星组成，面朝内背朝外搭肩站立，造成"拥抱整个球场"的视觉效果。球场外的广场上竖立着传奇球员亨利、亚当斯、博格坎普和传奇主帅查普曼的雕像。

阿森纳历史总出场榜

球员	位置	总出场
大卫·奥莱利	后卫	722场
托尼·亚当斯	后卫	669场
乔治·阿姆斯特朗	中场	621场
李·迪克森	后卫	619场
奈杰尔·温特伯恩	中场	584场
大卫·希曼	门将	564场
帕特·赖斯	后卫	528场
彼特·斯托里	后卫	501场
约翰·雷德福德	前锋	481场
彼得·辛普森	后卫	477场

阿森纳历史总射手榜

球员	国籍	总进球
蒂埃里·亨利	法国	228球
伊恩·赖特	英格兰	185球
克里夫·巴斯汀	英格兰	178球
约翰·雷德福德	英格兰	149球
吉米·布莱恩	英格兰	139球
泰德·德雷克	英格兰	139球
道格·里什曼	英格兰	137球
罗宾·范佩西	荷兰	132球
乔·赫尔姆	英格兰	125球
大卫·杰克	英格兰	124球

阿森纳荣誉榜

01
一届欧洲联赛冠军

01
一届欧洲优胜者杯冠军

03
三届英超联赛（顶级）冠军

10
十届英甲联赛（顶级）冠军

14
十四届英格兰足总杯冠军

02
两届英格兰联赛杯冠军

16
十六届社区盾杯冠军

➕ 特别链接：赛季不败夺冠

阿森纳在 2003/2004 赛季，在 38 轮联赛中，创纪录地以 26 胜 12 平，进 73 球失 26 球，积 90 分的不败战绩，夺得英超联赛冠军。为纪念这一成就，英足总特别制作一个独特的纯金小奖杯。

阿森纳英格兰顶级联赛冠军榜

英超冠军数	夺冠赛季
3次	1997/1998、2001/2002、2003/2004

英甲冠军数	夺冠赛季
10次	1930/1931、1932/1933、1933/1934、1934/1935、1937/1938、1947/1948、1952/1953、1970/1971、1988/1989、1990/1991

　　1933/1934赛季，阿森纳的主帅查普曼因急性肺炎去世。这位开创"枪手"盛世的功臣过世之后，乔治·阿里森接过帅印，率领阿森纳豪取英格兰顶级联赛的三连冠。

　　一波三连冠之后，"二战"的爆发让联赛再度停摆。海布里球场满目疮痍，不得不关闭重建，阿森纳甚至只能和热刺共用白鹿巷球场。尽管1946/1947赛季英格兰顶级联赛得以恢复，但寄人篱下的阿森纳毫无作为，跌到了联赛第13名。

　　随着海布里球场完成重建，阿森纳打响了"第三枪"。汤姆·惠特克执掌帅印，带领阿森纳在1947/1948赛季力压曼联，再次拿到英格兰顶级联赛的冠军。1952/1953赛季，阿森纳更是靠着净胜球而险胜普雷斯顿夺冠。

　　阿森纳在重建的道路上蹒跚前行，即使20世纪60年代球队两手空空，也没有动摇俱乐部制造的信心。进入20世纪70年代，先是贝蒂·米执教阿森纳完成了历史性突破（1970/1971赛季首夺"双冠王"），随后的接任者特尼·里尔又率领阿森纳三夺足总杯冠军，海布里球场终于迎来复兴的王者。

　　在20世纪80年代末期至90年代初期，英格兰顶级联赛缺少王者，"红魔"曼联还没有建立王朝，"红军"利物浦开始从顶峰滑落，此时乔治·格拉汉姆率领阿森纳见缝插针，硬是在1989年和1991年连抢两个联赛冠军，这也是阿森纳打响的"第四枪"。

　　格拉汉姆因铁腕治军，其顽固的"1比0主义"招致很多诟病。但在他执教的那几

个赛季，阿森纳的踢法粗野、单调，但凭借着强硬、粗暴的踢法站稳脚跟。

阿森纳的"第五枪"，则是迎来法国籍主帅阿塞纳·温格，他是阿森纳俱乐部历史第一位外籍教练。当时没有人看好这位从日本J联赛的名古屋鲸八队过来的法国人。

1997/1998赛季，温格用行动诠释了"不鸣则已，一鸣惊人"的真谛，率领阿森纳夺取英超联赛和足总杯双料冠军，"兵工厂"从此重返巅峰。

温格的上任彻底改变阿森纳的足球哲学，踢法变得具有浪漫艺术气息，也更具观赏性，自然给球迷带来快乐。"一日枪手，终生枪手"也成为阿森纳球迷爱的宣言。

温格在阿森纳一干就是22年，在这22年里，温格执教的场次超过1200场，率领枪手三夺英超冠军、拿下7次足总杯冠军。

2006年阿森纳杀进过欧冠决赛，可惜最后以1比2输给巴萨的"梦二队"。在这22年里，包括皇马、巴萨、曼联、拜仁等很多

豪门球队都邀请过他执教，但这位法国主帅不为所动，始终选择坚守海布里。

自2004年以后，温格执教的阿森纳再也没能夺取英超冠军，一度也成为"枪迷"炮轰的对象。直到2018年4月20日温格宣布离开阿森纳之时，"枪迷"才会体会到永失我爱的那种失落感。

温格执教阿森纳后期之所以战绩起伏，主要原因是酋长球场的建立。

2006年酋长球场正式成为阿森纳的主场，自此名动天下的海布里球场正式告别足坛，改成海布里公寓。筹建酋长新球场耗资巨大，为此阿森纳俱乐部常年背负巨大债务。

为了还债，阿森纳每

年都至少卖出一名主力，从队长维埃拉和"枪王"亨利开始，阿什利·科尔、盖尔·克利希、弗朗西斯科·法布雷加斯、科洛·图雷、罗宾·范佩西等明星球员全部被卖走。

昔日阿森纳的豪华阵容已荡然无存，好在温格善于挖掘年轻球员的潜力，不断有新人顶替。

即便是好玉也需要多年的雕琢才能成才，阵容尚弱的阿森纳战绩不稳，常年与冠军无缘。因为年年争四（英超前四名可直接参加欧冠联赛）而被球迷戏称为"争四狂魔"。昔日的豪强沦落如此，也

让"巧妇难为无米之炊"的主帅温格不得不"背锅"。

而当"教授"温格离开阿森纳之后，大家才明白：年年流失大牌球星的"枪手"，能拿到欧冠门票已经实属不易。

温格是一位儒雅、博学的主帅，他在海布里与酋长球场驻足了22年的时光。当老帅转身离去，所有的"枪迷"才怅然若失，发现阿森纳失去了一位最伟大的主帅。

22年、3个英超冠军，7个足总杯冠军，以及连续17个赛季的欧冠资格。这就是老帅温格留给阿森纳的成绩单。

"曼联王朝"在英超开创属于他们的"红色时代"，阿森纳是仅有的能与其分庭抗礼的英超球队。而阿森纳有与曼联对抗的资本，主要因为主帅温格，以及他构建的"法国帮"。

帕特里克·维埃拉、尼古拉·阿内尔卡是最早加盟球队的，成为枪手之前，维埃拉在AC米兰踢不上球；阿内尔卡从大巴黎加盟，只花了阿森纳区区50万英镑的超低价位。

1998年，阿森纳夺取联赛和足总杯"双冠王"，队内的"法国帮"：阿内尔卡、维埃拉、埃马纽埃尔·佩蒂特、吉尔斯·格里曼迪

等人都有不小贡献，他们是初代"法国帮"。

1999 年，温格签下在意甲郁郁不得志的蒂埃里·亨利来顶替远赴皇马的阿内尔卡，随后又从法甲挖来罗伯特·皮雷和西尔万·维尔托德，第二代"法国帮"成立。

彼时的阿森纳阵容鼎盛，以亨利为首的"法国帮"，加上"冰王子"丹尼斯·博格坎普、巴西铁闸吉尔伯托·席尔瓦、德国国门延斯·莱曼以及英格兰中卫索尔·坎贝尔，阿森纳组成一支王者之师。他们从 2003 年 5 月到 2004 年 10 月，在英超赛场所向披靡、未逢败绩，创造了 49 场不败的神迹，这也是至今都无人打破的英超联赛最长不败纪录。

2003/2004 赛季，阿森纳交出 26 胜 12 平的战绩，进 73 球，丢 26 球，力压切尔西夺冠，成为英超历史上唯一一支单赛季以不败战绩问鼎冠军的球队。"海布里国王"亨利与队长维埃拉领衔的第二代"法国帮"，与温格携手将阿森纳推上巅峰。"枪手"的"第六枪"在此时响彻英伦三岛，震慑英超诸强。

随着第二代"法国帮"的风流云散，温格开始了"去法国化"的进程，

第三代"法国帮"中，威廉·加拉斯、盖尔·克利希、巴卡里·萨尼亚和马蒂厄·弗拉米尼等球员都是中后场工兵型球员，在阿森纳前场缺少了灵动飘逸的身影，仅有萨米尔·纳斯里一人有点孤掌难鸣。而法布雷加斯和杰克·威尔希尔等一批技术流的成长，也标志着温格执教思路的改变。

温格卸任之后，继任者乌奈·埃梅里上任仅一年半就遭解雇，其最大昏招就是在 2018/2019 赛季本来很有希望拿英超冠军的情况下，却为了欧联杯放弃英超战线，导致阿森纳颗粒无收。2019/2020 赛季，米克尔·阿尔特塔接替埃梅里成为阿森纳主教练之后，先是率队逆转切尔西，拿下足总杯冠军，随后又率队征战社区盾杯，点杀利物浦夺冠，这两冠为阿森纳崛起点燃希望。

2020/2021 赛季，阿森纳以 3000 万欧元签下里尔后卫加布里埃尔·马加良斯和 5000 万欧元买下的托马斯·帕尔泰，阿森纳的首发阵容也将更加年轻化，阿尔特塔的青春风暴将再次席卷英伦。阿森纳的"第七枪"在夺得社区盾杯冠军后毅然打响。

阿森纳历史上一共 13 次夺得英格兰足球顶级联赛冠军，夺冠次数仅少于曼联和利物浦。不过，作为传统豪强的阿森纳已经许久没有尝到冠军的滋味，最近一次夺得英超冠军还是在 2004 年。如今，阿森纳已经在酋长球场集结完毕，迫不及待地开启了新一轮的夺冠征程……

代表阿森纳出场
377

代表阿森纳进球
228

亨利

阿森纳王牌射手

THIERRY
HENRY

1999 年，当 22 岁的亨利来到海布里球场，就像一辆亟待开拔的"高速快车"。他穿过 8 年"枪手"岁月，留下 376 场比赛、228 粒进球、4 座英超金靴奖、2 座欧洲金靴奖，还有那一串动人心魄的"枪手"传奇。

毫无疑问，亨利就是阿森纳历史上最具统治力的前锋，也是永远的"海布里之王"。他风驰电掣、肆意驰骋、雷霆闪击，就是一颗出膛的子弹，破空穿甲，不可阻挡。

代表阿森纳出场

423

代表阿森纳进球

120

代表阿森纳出场

278

代表阿森纳进球

132

博格坎普

阿森纳传奇巨星

DENNIS BERGKAMP

范佩西

阿森纳传奇巨星

ROBIN VAN PERSIE

博格坎普球风优雅，十年"枪手"生涯成就了"冰王子"的华丽岁月。他翩若惊鸿，婉若游龙，他从来不是一骑绝尘的草莽刺客，而是赏心悦目的艺术家。

谁敢横刀立马，唯我"范大将军"。八年"枪手"生涯，范佩西纵横捭阖、斩将夺旗、威风八面，他接过亨利手中的权杖，续写"枪王之王"新的传奇。

阿森纳经典组合 / 黄金双枪

亨利 + 博格坎普

1999 年夏天，亨利登陆英超，与 30 岁的"冰王子"博格坎普组成了"黄金双枪"。在"枪手"的巅峰期，这对组合堪称经典，一个是进球如麻的杀手，一个是充满创造力的艺术足球大师。

2001/2002 赛季，在亨利和博格坎普的共同努力下，阿森纳夺得英超联赛和足总杯双料冠军。亨利在各项赛事中共出场 49 次打进 32 球，"冰王子"打进 13 球，其中包括对阵纽卡时那记惊为天人的世纪转身进球。2003/2004 的不败赛季，亨利各项赛事打进 39 球，荣膺欧洲金靴奖，博格坎普打进 5 球，并送出 9 次助攻。

时至今日，这对黄金搭档在接受采访时都称对方是自己共事过的最佳队友。2014 年，阿森纳为博格坎普竖起一座雕像，"冰王子"从此与亨利、查普曼、亚当斯一起，环绕酋长球场。

阿森纳经典组合 / 后防五老

亚当斯 + 基翁 + 温特伯恩 + 迪克逊 + 博尔德

20 世纪 80 年代末至 90 年代，乔治·格拉汉姆将阿森纳打造成一支极具统治力的球队。不同于后来温格执教下的华丽之师，格拉汉姆仰仗的是一条固若金汤的防线，托尼·亚当斯领衔的"后防五老"是英格兰乃至欧洲都难以逾越的屏障。"铁血枪王"亚当斯有着天生的领袖气质，生涯 19 载从一而终，堪称一人一城典范，正如歌词所说的——"只有一个亚当斯！"

亚当斯和中后卫搭档马丁·基翁被誉为全英格兰最坚固的中卫搭档。奈杰尔·温特伯恩和李·迪克逊分居左右两个边路，不仅防守出色，助攻也非常犀利。史蒂夫·博尔德整个职业生涯都以防守著称，这五位球员因为经常一同出场，于是就有了阿森纳"后防五老"传奇组合。

从 1988/1989 赛季到 1998/1999 赛季，"后防五老"一同征战了 10 个赛季，为枪手赢得了 3 座联赛冠军奖杯，2 座足总杯冠军和 1 座欧洲优胜者杯冠军，是名副其实的冠军防线。

阿森纳经典组合 / 法国帮
亨利 + 维埃拉 + 皮雷 + 维尔托德

　　1996 年接手阿森纳后，温格用几年时间打造了一批在英超联赛无懈可击的"法国帮"，2003/2004 赛季，阿森纳以不败战绩夺得了英超冠军，缔造了跨赛季 49 场英超不败的神话。这期间，皮雷、亨利、维埃拉和维尔托德的"法国帮"组合功不可没。

　　维埃拉是"法国帮"的领军人物，是"枪手"阿森纳中后场的铁血屏障，同时也是球队攻防转换的枢纽；皮雷是那支阿森纳的左路飞翼，在阿森纳 49 场不败的过程中，皮雷出战 45 场，这一数字仅次于亨利（48 场）和门将延斯·莱曼（47 场），并收获 23 粒进球；维尔托德尽管不是绝对主力，但作为一名"关键先生"，他经常替补出场打进关键进球，效力"枪手"5 个赛季，就兢业业的维尔托德出场 175 次打进 49 球。

　　"枪王之王"亨利是阿森纳队史第一射手，集顶级的速度、力量和射门能力于一身，他为阿森纳出场 376 次，打进 228 球，率队两夺联赛冠军，3 夺足总杯，4 次捧起英超金靴，并且 5 度当选年度最佳球员。

阿森纳经典组合 / 金靴组合
奥巴梅扬 + 拉卡泽特

　　2017 年夏窗，"枪手"阿森纳在转会市场上一反常态，豪掷 6000 万欧元将法甲金靴亚历山大·拉卡泽特招致麾下，刷新队史引援纪录。仅仅过了半年，阿森纳又在冬窗打破纪录，以 6300 万欧元的价格引进德甲最佳射手皮埃尔－埃梅里克·奥巴梅扬。

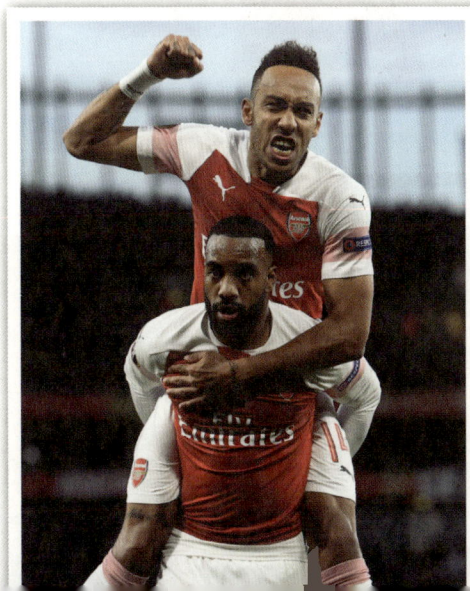

　　奥巴梅扬的速度快、射术精湛，拉卡泽特则更为全面，有着极强的配合意识。2018/2019 赛季，两人合作的首个完整赛季，奥巴梅扬打进 22 球，斩获英超金靴，拉卡泽特各项赛事打入 19 球，带领阿森纳挺进欧联杯决赛。2019/2020 赛季，两人联手为球队赢得足总杯冠军。

　　今年夏天，奥巴梅扬续约谈判期间，拉卡泽特还点赞了阿森纳想和奥巴梅扬续约的新闻，两人关系十分融洽。未来，这对当初并不被人看好的搭档将继续为"枪手"阿森纳攻城拔寨，正如奥巴梅扬所言："我和拉卡泽特'一见钟情'"。

111

阿森纳最佳阵容
ARSENAL

"枪手"历史球星中除了闻名的"后防五老"之外，"法国帮"也是一大特色，从亨利、维埃拉、阿内尔卡和皮雷，到加拉、科斯切尔尼，再到如今的拉卡泽特和尼古拉斯·佩佩。

门将 / GK
大卫·希曼

虽然莱曼曾以完美表现随阿森纳以不败赛季夺冠，但更多"枪迷"心中，最佳门将仍是希曼。这位传奇门将保持着23场不失球的队史纪录，希曼一共为阿森纳出战564场。

中后卫 / DC
大卫·奥莱利

奥莱利15岁加入阿森纳青训营，18岁之前已为阿森纳效力30场正式比赛。奥莱利在阿森纳效力长达20年，出场创纪录的高达722次，"忠诚"是他的代名词。

中后卫 / DC
托尼·亚当斯

直率强硬、号令群雄，亚当斯是天生的领袖，21岁就成为阿森纳的队长，并且在位时间队史最长。亚当斯效力阿森纳长达22年，也是当年著名的"后防五老"之一。

中后卫 / DC
马丁·基翁

勇猛顽强、永不畏惧，基翁就是"枪手"的"烈性火药"。当38岁的基翁怒吼正值巅峰的范尼时，我们不禁想起温格对于他的评价："他是一只永不服输的英格兰斗犬。"

中前卫 / MC
弗朗西斯科·法布雷加斯

法布雷加斯保持着阿森纳最年轻的进球纪录（16岁零212天）。他是集所有技术于一身的天才，是全能中场的典范，8年的"枪手"岁月，让他成为世界级的"节拍器"。

后腰 / DM
帕特里克·维埃拉

默默无闻的维埃拉被温格培养成世界第一后腰。他有着出色的预判性与大局观，坐镇中场、攻守有度，颇有大将之风。在维埃拉离队的十多年里，阿森纳始终无法找到他的替代者。

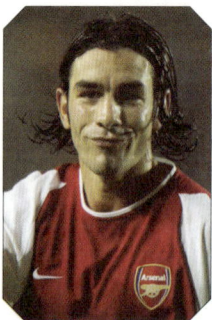

左前卫 / ML
罗伯特·皮雷

皮雷是衔接阿森纳中前场的重要人物，串联亨利和科尔，三人建立起"左路走廊"，是球队创造49场不败神话的主要进攻线路。而"八字鸭子式"也成为他的独有的招牌动作。

右前卫／MR
托马斯·罗西基

传球潇洒飘逸，盘带行云流水，罗西基有着"足坛莫扎特"的美誉，是优雅华丽的中场大师。他善于掌控全局，用穿针引线的方式让球队的进攻变得更加细腻与流畅。

前锋／ST
蒂埃里·亨利

亨利是真正的"海布里之王"，效力阿森纳9年，4次斩获英超金靴，并打破多项英超进球纪录。当亨利滑跪庆祝的铜像展现在酋长球场外，一个"枪手"的丰碑将永恒矗立。

中锋／CF
伊恩·赖特

赖特为阿森纳打入185球，排名队史射手榜第二位。他在阿森纳处子战就上演了"帽子戏法"，还连续六个赛季成为队内最佳射手。他曾单赛季创纪录地攻破17支球队的大门。

前锋／ST
丹尼斯·博格坎普

"冰王子"博格坎普妙到豪巅地过人、轻灵犀利地射门、天马行空地创造，他是缜密细腻的艺术家。博格坎普效力阿森纳11个赛季，打进120球，是"枪手"足球变革的关键人物。

伊恩·赖特

蒂埃里·亨利　　**丹尼斯·博格坎普**

罗伯特·皮雷

弗朗西斯科·法布雷加斯　　**托马斯·罗西基**

帕特里克·维埃拉

大卫·奥莱利　　**托尼·亚当斯**　　**马丁·基翁**

大卫·希曼

阵形 3-4-3

● 1996—2018 年执教阿森纳 1235 场
707 胜 280 平 248 负

阿森纳最佳教练

阿尔塞纳·温格

温文尔雅、学识渊博的"教授"温格作为"枪手"主帅的执教时间，长达22年，他率领阿森纳拿过3个英超冠军，并创造了单赛季不败夺冠的辉煌战绩。

温格铁腕治军、善于发掘新人，他的到来改变了阿森纳的传统英式打法，从而蜕变成为华丽流畅、充满技术性与想象力的进攻之师。

曼城档案

- 曼彻斯特城足球俱乐部
  Manchester City Football Club
- 绰号：蓝月亮
- 所在地区：英格兰曼彻斯特市
- 成立时间：1880 年
- 主场：阿提哈德球场
- 队歌：《蓝月亮》
- 德比对手：曼联（同城德比）

蓝月亮
曼彻斯特城

MANCHESTER CITY FOOTBALL CLUB

曼城不只是一艘用巨资打造的"黄金战舰"。

"蓝月亮"升空，是几代曼城人卧薪尝胆、厚积薄发的结果。

曼彻斯特，英格兰第二大城市。而此前近百年，曼联似乎是这座工业重镇唯一的足球名片。至于曼城，令中国球迷有所印象的可能就是——"China Sun"孙继海。

然而，"蓝月亮"在英格兰的夜空华美绽放，绽放出宛如骄阳一样摄人心魄的璀璨光芒！

百分夺冠、18 场连胜、30 场不败，98 分卫冕英超冠军。瓜帅的传控哲学、丁丁的大师气韵、阿 KUN 的杀手本能以及孔帕尼的领袖风范，都成为曼城那一抹最为皎洁的月光，汇聚交辉，形成绚烂无比的"蓝月亮"。

说到曼城，很多球迷都认为这是一家"烧钱"的俱乐部，因为背后有中东阿拉伯财团的支持，让这支俱乐部有了奢侈的资本，但曼城最开始的足球之路其实很"清贫"。

曼彻斯特的圣马可教堂教区长亚瑟·康奈尔应该算是曼城的伯乐，正是他的提议，教堂在 1880 年冬天成立一支名叫圣马可的足球队，这支球队就是曼城的雏形。

圣马可没有自己的球场，某些球员甚至还得代表其他球队踢比赛，在球队队长沃尔特·丘的建议下，圣马可与贝尔维在 1883 年完成合并，但效果不好，甚至引起了不小的争端。不到一年，球队就宣告解体。直到 1887 年，他们搬到海德路球场，算是有了属于自己的一亩三分地，球队也易名为阿尔德韦克。

● "曼彻斯特城"在（除主题标外的）文章与标题中均用简称"曼城"。

阿提哈德球场

曼彻斯特城市球场是英超第六大球场，2010年3月进行扩建，座位数达到55000个，耗资10亿英镑。球场西看台以名宿科林·贝尔命名，而东看台则被球迷称呼"基帕克斯"，以纪念服务80年之久的前主场缅因路球场。北看台只能坐带有儿童的球迷，因此也被称为"家庭看台"。2011年7月，由于阿提哈德航空公司赞助，而冠名为阿提哈德球场。

曼城历史总出场榜

球员	位置	总出场
阿兰·奥克斯	中场	664场
乔·科里根	门将	602场
迈克·道尔	后卫	570场
伯特·特劳特曼	门将	545场
埃里克·布鲁克	前锋	502场
科林·贝尔	中场	492场
汤米·布斯	后卫	487场
麦克·萨默比	中场	452场
保罗·鲍尔	后卫	437场
威利·多纳奇	后卫	433场

曼城历史总射手榜

球员	国籍	总进球
塞尔吉奥·阿奎罗	阿根廷	256球
埃里克·布鲁克	英格兰	177球
汤米·约翰逊	苏格兰	166球
科林·贝尔	英格兰	153球
乔·海斯	英格兰	152球
比利·梅瑞迪斯	威尔士	152球
弗朗西斯·李	英格兰	148球
汤米·布鲁威尔	英格兰	139球
比利·吉莱斯皮	苏格兰	132球
弗雷德·蒂尔森	英格兰	132球

01

一届欧洲优胜者杯冠军

04

四届英超联赛（顶级）冠军

02

两届英甲联赛（顶级）冠军

06

六届英格兰足总杯冠军

06

六届英格兰联赛杯冠军

06

六届社区盾杯冠军

曼城英格兰顶级联赛冠军榜

英超冠军数	夺冠赛季
4次	2011/2012、2013/2014、2017/2018、2018/2019
英甲冠军数	夺冠赛季
2次	1936/1937、1967/1968

阿尔德韦克在 1892 年加入英乙联赛，两年之后球队正式更名为曼城，在 1898/1899 赛季夺取英乙冠军，曼城历史上首次进入英格兰顶级联赛。

曼城在顶级联赛边缘徘徊了几年，直到 1903/1904 赛季，曼城才终于为自己正名，不仅拿到了英格兰顶级联赛亚军，还收获了足总杯冠军，这也是曼彻斯特的第一个足球冠军，曼城在与曼联的长跑竞赛中算是领先了一步。

"第一次世界大战"让英格兰顶级联赛暂停，曼城只能参加地区锦标赛。联赛恢复之后，曼城又遭受了重创，1923 年的一场大火把容纳 4 万人的海德路球场夷为平地。

曼城本想和同城死敌曼联共用老特拉福德球场，但曼联高额的租借费让曼城望而却步。被逼无奈的曼城斥资 5000 英镑买下地皮，重修缅因路球场，才勉强化解危机。

曼城在 1925/1926 赛季初期表现不佳，接连大比分输球，主帅大卫·阿什沃斯无奈辞职，俱乐部甚至一度没有主教练指挥比赛。失魂落魄的曼城虽然以 6 比 1 大胜曼联，拿到迄今为止曼彻斯特比的最大胜利比分，但却无法遏制降级的颓势。

降级之后，苏格兰人彼得·霍吉执教曼城，第二年就率队夺得英乙联赛冠军，重返顶级联赛行列。之后，霍吉并没有带领曼城再上层楼。威尔夫·维尔德接替霍吉出任曼城主教练，经过四年积累，终于在 1936/1937 赛季，率领曼城拿到英格兰顶级联赛冠军，这也是队史的联赛第一冠。

1937/1938 赛季，作为上届冠军的曼城希望再创佳绩，但他们竟然在联赛中输掉 20 场，悲惨降级，也成为英格兰足球历史上唯一一个惨遭降级的上届冠军。

曼城历史上曾经历过两次触底反弹，第一次就是 1967/1968 赛季，当时曼城前几个

赛季一直在保级区徘徊，成为一支为保级而战的平庸球队。

越是在低谷，就越要有凌云之志！曼城在这个赛季以6万英镑引进博尔顿前锋弗朗西斯·李。李的到来增强了曼城的攻击力，球队也脱胎换骨。

最后一轮联赛决定了冠军归属，曼城战胜纽卡斯尔，曼联输给桑德兰，曼城以2分优势力压同城对手，拿到队史第二个顶级联赛冠军。

曼城第二次触底反弹是在2000年，本来球队破天荒地连掉两级，跌入乙级联赛，但是此后曼城的强势反弹完全出人意料。

他们先是重返英甲。随后又在英甲联赛脱颖而出，两级跳重返英超。虽然升超的首个赛季，曼城又不幸降级，但这也为再次的触底反弹奠定基础。

中国球迷真正了解并关注曼城，还是因为孙继海，正是由于他效力曼城的惊艳表现，才让中国球迷逐渐喜欢上"蓝月亮"。

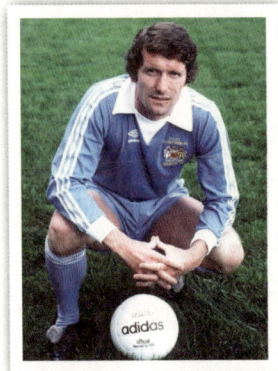

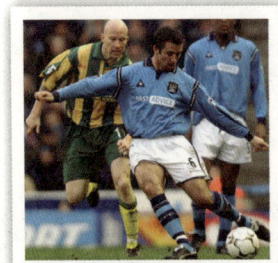

"中国太阳"刚到曼城之时，"蓝月亮"还只是英超"升班马"，还不具备豪门气质。孙继海也正是抓住了这个机会，才得以在曼城站稳脚跟。

孙继海在曼城效力七个赛季，总出场达到151场，贡献4粒进球。2005年11月，在曼城对阵富勒姆的一场英超比赛中，伤停补时全线压上的曼城遭到富勒姆的快速反击。替补出场的孙继海狂奔近40米回追到位，在门线上将对手势在必进的"打空门"球铲出，留下了"China Sun"最为闪耀的光辉。

2007年泰国前总理他信·西那瓦收购曼城之后，开始大手笔招揽球员。

值得一提的是，曼城队当时引进的球员中没有一名英格兰本土球员。

119

引援包括意甲雷吉纳射手罗兰多·比安奇，顿涅茨克矿工的巴西中场都埃拉诺·布鲁默等人，再加上原有的孙继海、杰森·费尔南德斯等球员，主帅斯文－约兰·埃里克森麾下竟然有来自17个不同国家的球员。

如此大换血并没有给曼城带来翻天覆地的变化，最终英超第9名的排名与期望相距甚远。

2008年阿布扎比集团收购曼城，继续疯狂购买明星球员。罗比尼奥、文森特·孔帕尼、尼格尔·德容等一干名将齐聚曼城，然而，"众星捧月"的曼城依然没有太多战绩上的突破。新帅马克·休斯最终率队取得英超联赛第10名，不升反降。

曼城高层意识到聘请名帅的重要性。于是，意甲冠军教头罗伯托·曼奇尼驾临曼城。2010/2011赛季，曼奇尼率队拿到英超联赛第3名的佳绩，并在足总杯决赛上以1比0战胜斯托克城，夺得足总杯冠军，结束了曼城多年无冠的尴尬纪录。

2012年5月14日，英超第38轮，曼城与曼联展开争冠的隔空暗战。

曼城与女王公园巡游者的比赛进入伤停补时阶段，"蓝月亮"依然1比2落后，如果按照这个比分结束，曼联将卫冕成功（取胜桑德兰），而曼城只能收获亚军。

伤停补时阶段，曼城先是埃丁·哲科头球扳平比分。然后马里奥·巴洛特利助攻阿圭罗，后者在伤停补时的最后一分钟完成劲射破门。

伤停补时最后3分钟，曼城攻入两球，完成神奇逆转，以3比2险胜女王公园巡游者。

曼城与曼联同积89分，"蓝月亮"凭借净胜球的微弱优势，力压曼联，夺得2011/2012赛季冠军，也是俱乐部历史上首个英超联赛冠军。

2013/2014赛季，新任

主帅曼努埃尔·佩莱格里尼率领曼城夺得英超和联赛杯"双冠王"。联赛最后一轮，曼城以2比0击败西汉姆联，以超出利物浦2分的微弱优势夺得该赛季的英超联赛冠军。

2015年8月，凯文·德布劳内加盟曼城，这位世界级的天才中场此后成为"蓝月亮"的绝对核心。

2016年，何塞普·瓜迪奥拉入主曼城。在执教曼城的第二年，瓜帅就率领曼城进入无敌化境。

德布劳内坐镇中场、掌控全局。瓜迪奥拉似乎找到了曼城的哈维，将巴萨传控足球移植过来。

曼城后防线上有孔帕尼领衔镇守，坚如磐石。锋线上有阿奎罗、萨内、热苏斯、斯特林等快马尖刀，轮流冲锋。那时的曼城几乎无法阻挡，他们在2017/2018赛季拿到英超历史最高的100分，毫无悬念地夺得英超联赛冠军。

曼城在百分夺冠的那个赛季展现出非凡的统治力：他们在场上达到70％的控球率，

豪取了创纪录的32胜，并踢出一波惊人的18连胜。

2018/2019赛季，曼城以98分成功卫冕，让利物浦成为英超历史上积分最高（97分）的亚军。

瓜迪奥拉率领的曼城在英超赛场拥有压倒式的控球能力，这让很多英超球队无法与之对攻，只能被迫"摆大巴"。

虽然瓜迪奥拉在英超赛场上所向披靡，但在欧冠赛场还没有建树，这也是瓜迪奥拉入主曼城以来，不得不直面的尴尬。

不过，如今的曼城在欧冠赛场，有了与任何强队一较高下的资本。

"蓝月亮"高悬在曼彻斯特的夜空，绽放的光芒将世界照亮……

我们携手迎风吟唱："Blue moon，you saw me standing alone，without a dream in my heart……"

121

德布劳内

曼城王牌巨星

KEVIN DE BRUYNE

　　一撮金发、稚嫩面庞，让德布劳内看上去就像比利时漫画中的"丁丁"，但千万不要被其表象所迷惑，因为他是频频制造杀机的中场之王。

　　德布劳内在场上拥有广袤无垠的"上帝视角"，他的传球蕴涵参透天机般的钟灵毓秀。此外，他的射门与突破俱佳，他掌控节奏、策动反击、观敌破阵，能切中要害，有一种绝代大师的气韵与风采。

　　德布劳内是"蓝月亮"当之无愧的核心，在瓜迪奥拉麾下，他就是高了10厘米的哈维。

代表曼城出场
436

代表曼城进球
77

席尔瓦
曼城传奇巨星
DAVID SILVA

席尔瓦作为"蓝月亮"的最强大脑,高效运行了十年。他无数次手术刀般精准的妙传,勾勒出一座黄金曼城的轨迹线。他是匀速版的梅西,策动队友的能力更是非凡。

他超越亨利,成为英超进球最多的外籍球员。他是高效、冷血的潘帕斯刺客,也是"蓝月亮"总射手王。我们不会忘记,正是阿KUN在对阵女王公园巡游者的最后绝杀,才扶正了曼城的王冠。阿奎罗在曼城十年间,不断上演单骑救主,扭转乾坤。

代表曼城出场
375

代表曼城进球
256

阿奎罗
曼城传奇巨星
SERGIO AGÜERO

〈曼城经典组合/中场双核〉

德布劳内+席尔瓦

瓜迪奥拉麾下的那支"宇宙队"巴萨，哈维和伊涅斯塔的中场组合发挥了举足轻重的作用。来到英超后，瓜帅又为曼城打造了凯文·德布劳内与大卫·席尔瓦的"中场双核"组合，他们是"蓝月亮"曼城近几年称霸英超的幕后英雄。

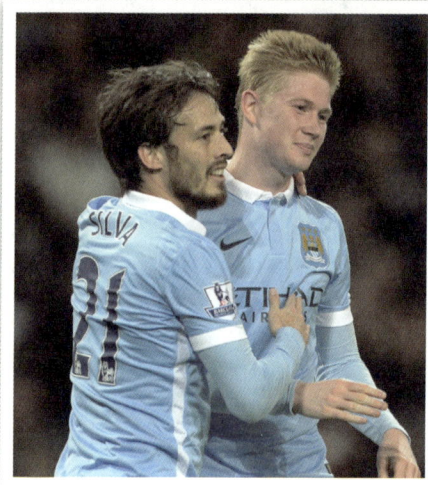

德布劳内是英超最佳中场，集传球、突破、射门于一身，无所不精，极其全面，是欧洲五大联赛助攻王；有着"西班牙魔术师"之称的席尔瓦虽然数据不如"丁丁"亮眼，但他在场上总能完美地调节球队进攻节奏，为队友创造绝佳进球机会。

在两人合作期间，曼城实现了英超卫冕壮举，拿下了足总杯，还4次问鼎联赛杯。2020年夏天，席尔瓦"告老还乡"，在谈到老搭档时，德布劳内表示："如果我必须选择与我合作过的最佳球员，我会说是大卫·席尔瓦。他在场上拥有一切优秀的素质，包括他的为人。我们对足球的认识和看法趋同，他是我共事过的最好的球员。"

〈曼城经典组合/三叉戟〉

阿奎罗+斯特林+萨内

塞尔吉奥·阿圭罗、拉希姆·斯特林和勒鲁瓦·萨内组成的锋线"三叉戟"是英超最强攻击组合之一。边路"双子星"萨内和斯特林遥相呼应，萨内的边路突破是曼城在打不开局面的情况下非常有力的武器，经常为队友送上妙传；斯特林屡次在关键时刻主宰比赛，有着"绝杀小王子"的称号。阿奎罗是目前曼城阵中资历最老的球员，作为矮个子中锋的标杆，这位阿根廷前锋无数次展现了自己的进球能力，曼城拿下的第一个英超冠军就是来自他的绝杀。

萨内、斯特林和阿奎罗的"三叉戟"组合联袂出场57次，率队取得了39胜11平7负的战绩，其中斯特林进24球、11次助攻，萨内进13球、16次助攻，阿圭罗进31球、11次助攻，为曼城近几个赛季在英超捧杯立下汗马功劳。

曼城最佳阵容
MANCHESTER CITY

曼城并不是英格兰传统豪强，但是自2010年阿布扎比财团入主以后，曼城名声鹊起，并成为英超最具影响力的豪门之一，并不断斥巨资吸引巨星加盟。

门将 / GK
乔·科里根

效力曼城16年，科里根是历史出场最多的门将，曾三度获得曼城年度最佳球员奖，是公认最佳门将之一。他帮助球队获得历史首座欧洲赛事冠军（优胜者杯）。

左后卫 / DL
亚历山大·科拉罗夫

科拉罗夫为曼城效力7年，出场247次，打进21球。他是典型的技术流边后卫。沉稳、老练，同时能出任后防多个位置，还拥有精湛的任意球技术。

中后卫 / DC
文森特·孔帕尼

孔帕尼是曼城的一面旗帜。他抢位精准、追截迅捷，犹如一道大坝，足以令任何前锋望而却步。此外他还是一位天生的领袖，作为队长率领曼城夺得首个英超冠军。

中后卫 / DC
理查德·邓恩

邓恩以拼抢凶狠、作风顽强著称，曾在2008/2009赛季创下8张红牌的英超纪录。邓恩效力曼城9年，四次获得队内年度最佳球员，共代表曼城出场352场，打进7球。

右后卫 / DR
巴勃罗·萨巴莱塔

坐镇右路、攻守兼备，体力充沛、斗志昂扬，萨巴莱塔还经常冲刺右翼插上助攻。他曾入选英超年度最佳阵容。萨巴莱塔为曼城共出场333次，并随队获得2次英超联赛冠军。

后腰 / DM
亚亚·图雷

图雷是英超最强壮的球员之一，堪称第一"兽腰"。他身材高大、力量感十足，在防守时，总会在中前场形成一道巨大屏障。此外图雷还能在球队久攻不下时破门建功。

中前卫 / MC
科林·贝尔

贝尔是"城市国王"，他效力曼城13年，出场492场，打进153球，率队获得7座冠军奖杯，是曼城首个辉煌期的领军者。为了纪念他，城市球场的西看台以他的名字命名。

**左边锋 / AML
大卫·席尔瓦**

　　席尔瓦脚法细腻、精灵飘逸，是游走在曼城边路的足球"精灵"。他还是英超助攻王、传球"魔术师"，每一脚触球都暗藏杀机。效力曼城10个赛季，席尔瓦已成为这里的象征。

**前腰 / AMC
凯文·德布劳内**

　　德布劳内作为当今足坛第一中场，能在场上用"上帝视角"来俯瞰全局、调度进攻。他的传球已臻化境。此外他的盘带、远射以及定位球技术都属上乘，是曼城进攻核心。

**右边锋 / AMR
拉希姆·斯特林**

　　斯特林可以胜任前场多个位置，不管是边锋还是前锋看，且左中右三路均是他活动的区域。他经常用突破和无球跑动来让曼城的进攻多元化，是队中不可或缺的战略尖兵。

**中锋 / CF
塞尔吉奥·阿奎罗**

　　阿奎罗是英超进球最多的外籍球员，也是曼城历史射手王（256球），他上演过12次"帽子戏法"，创英超历史纪录。他效力曼城9个赛季，有8个赛季进球都在20粒以上。

塞尔吉奥·阿奎罗

大卫·席尔瓦

拉希姆·斯特林

凯文·德布劳内

亚亚·图雷

科林·贝尔

亚历山大·科拉罗夫

巴勒罗·萨巴莱塔

文森特·孔帕尼　理查德·邓恩

乔·科里根

阵形 4-2-3-1

● 2016 年至今执教曼城 254 场 181
胜 36 平 37 负

**曼城最佳教练
佩普·瓜迪奥拉**

　　由于英超的身体对抗比较激烈，比赛的节奏也明显更快。因此，瓜迪奥拉在曼城的战术思路更加灵活多变，他减少了中场的传球倒脚，更多地利用场地的宽度，利用锋线上的球员们相互交替的灵活跑动来增加进攻纵深的空间。在反击上，节奏也更快、更简洁。

热刺档案
- 托特纳姆热刺足球俱乐部
  Tottenham Hotspur Football Club
- 绰号：白百合
- 所在地区：英格兰伦敦市
- 成立时间：1882 年 9 月 5 日
- 主场：托特纳姆热刺球场
- 队歌：《加油，热刺队》
- 德比对手：阿森纳（北伦敦德比）

白百合
托特纳姆热刺
TOTTENHAM HOTSPUR

在北伦敦托特纳姆的白鹿巷球场，"白百合"始终绽放！即便面对强大的"兵工厂"，热刺也从未坠青云之志。

他们白衣飘飘、纵横驰骋、衣袂如飞、呼啸奔腾，身体里流淌着进攻的血液，骨子里嗜血如狂。

白鹿巷盛产攻击性巨星，莱茵克尔、加斯科因、贝尔、莫德里奇、凯恩、孙兴慜……群星连绵不绝，热刺宛如席卷英伦的一道清风，风中弥漫着"白百合"的芬芳。

1882 年 9 月 5 日，当时热刺板球俱乐部考虑到冬季没有板球比赛，为了方便球员们维持体能和竞技状态，决定成立一家足球俱乐部。那些板球运动员也是圣约翰长老派教徒学校与托特纳姆文法学校的学生。

一年后，圣约翰长老派教徒学校老师约翰·里普瑟成为这家足球俱乐部的第一任主席兼财务主管。1884 年 4 月，这家俱乐部正式更名为——托特纳姆热刺足球俱乐部。

由于没有自己的球场，热刺的球员们只能在公园的草地上比赛，而观众人数也不断增加。当观众人增长到 14000 人后，热刺俱乐部决定筹建一个自己的球场。他们买下一个废弃酿酒厂的空地，在 1899 年翻新之后成为主场。由于在球场的西北方向有一条路叫作 White Hart Lane，因此这座球场就有了一个响亮的名字——白鹿巷。

●"托特纳姆热刺"在（除主标题外的）文章与标题中均用简称"热刺"。

托特纳姆热刺球场

1899 年至 2017 年，热刺的主场一直是白鹿巷球场，2017 年 5 月 15 日，在球场原址上进行扩建，2019 年 4 月 3 日球场竣工，并命名为托特纳姆热刺球场。新球场能容纳 62062 人，拥有世界上第一个可伸缩的分隔式足球场。球场设计成碗状，拥有 4 个看台，其中南看台是观球视野最好的位置，也是英格兰最大的单层看台，可容纳 17500 人。

热刺历史总出场榜

球员	位置	总出场
史蒂夫·佩里曼	中场	854 场
加里·马布特	后卫	611 场
帕特·詹宁斯	门将	590 场
汤姆·莫里斯	后卫	523 场
西里尔·诺尔斯	后卫	506 场
格伦·霍德尔	中场	490 场
特德·迪奇伯恩	门将	452 场
艾伦·吉尔赞	前锋	439 场
吉米·迪莫克	前锋	438 场
菲尔·比尔	后卫	420 场

热刺历史总射手榜

球员	国籍	总进球
吉米·格里夫斯	英格兰	266 球
鲍比·史密斯	英格兰	208 球
哈里·凯恩	英格兰	203 球
马丁·齐弗斯	英格兰	174 球
克利夫·琼斯	威尔士	159 球
杰梅因·迪福	英格兰	143 球
乔治·亨特	英格兰	138 球
伦·杜克明	英格兰	134 球
艾伦·吉尔赞	苏格兰	133 球
泰迪·谢林汉姆	英格兰	124 球

01

一届欧洲联盟杯冠军

01

一届欧洲优胜者杯冠军

02

两届英甲联赛（顶级）冠军

08

八届英格兰足总杯冠军

04

四届英格兰联赛杯冠军

07

七届社区盾杯冠军

热刺英格兰顶级联赛冠军榜

英甲冠军数	夺冠赛季
2次	1950/1951、1960/1961

✚▶ 特别链接：欧洲首支"双冠王"

热刺是20世纪欧洲首支缔造国内联赛及杯赛双料冠军的球队。1960/1961赛季，当时英格兰顶级联赛是英甲联赛，热刺在联赛42场比赛里，取得31胜4平7负的成绩获得联赛冠军。同时又在足总杯赛事中，以2比0战胜莱斯特城夺得历史第三座足总杯冠军，从而成为最早获得国内"双冠王"的球队。

入主白鹿巷仅仅一年，热刺就书写了奇迹，苏格兰人约翰·卡梅隆率队拿到足总杯冠军。值得一提的是，卡梅隆是既是球队主教练，又是主力前锋。此时的热刺还没有进入职业联赛就获得足总杯冠军，这使得热刺成为唯一一支非职业冠军球队。

随后在1908/1909赛季，热刺正式加入英格兰职业联赛，开始从乙级联赛起步，他们首个赛季就获得亚军，成功升上英格兰顶级联赛，"白鹿巷奇迹"得以延续。

众所周知，北伦敦德比——热刺和阿森纳这对死对头的宿命对决。在20世纪30年代时期，热刺一直被阿森纳压制，直接对话中鲜有胜绩。在联赛战绩上，热刺都被阿森纳甩出几条街，甚至一度在乙级沉沦五年。

第二次世界大战之后，热刺迎来了阿瑟·罗维，他在球员时代就为热刺效力，后来去匈牙利执教，研究出了"踢墙式过人"的战术理论，并且在匈牙利进行了实践。回到热刺执教后，阿瑟·罗维如法炮制，将这套战术运用到实战中，并取得了成功。

1949/1950赛季英乙联赛，热刺以4比1大胜布伦特福德，又以7比0横扫谢菲尔德联，最终夺得英乙冠军，重返英格兰顶级联赛。热刺作为英乙"升班马"，继续运用"踢墙式过人"打法，让英格兰顶级联赛的球队很不适应。

热刺以7比0血洗纽卡斯尔，完全是"踢墙式过人"的胜利，甚至在与豪门强队的交锋中，热刺也不落下风。连续以1比0战胜曼联和阿森纳，热刺证明了自身实力。那个赛季热刺以英乙升班马身份再夺英格兰顶级联赛冠军，再次书写"白鹿巷奇迹"。

针对热刺"踢墙式过人"的战术，很多球队都找到了破解方法，那就是贴身逼抢，不给跑动中的球员接球的机会。热刺的战术无法顺利运用，成绩自然有所影响，次年便成为亚军，第三年就滑落到第10名。后来的三个赛季，热刺甚至在保级区苦苦挣扎。

阿瑟·罗维因身体问题辞职，安德森接替之后，只是充当了过渡角色，之后热刺迎来了球队历史上的最重要人物——比尔·尼克尔森。

1960/1961 赛季，尼克尔森率领热刺在联赛开局阶段豪取 11 连胜，其中不乏 4 比 1 胜曼联、3 比 2 胜阿森纳的经典之战。

热刺在北伦敦德比中以 4 比 2 再胜阿森纳，整个赛季"双杀"对手。

最终热刺提前三轮夺冠，时隔 10 年之后，再夺英格兰顶级联赛冠军。

在赢得联赛冠军之后，热刺乘胜追击，在足总杯决赛中以 2 比 0 战胜莱斯特城。尼克尔森执教的热刺成为 20 世纪第一个"双冠王"。虽然"踢墙式过人"不再像以前那么有效，但热刺的攻势足球理念还是赢得了球迷的喜欢。

20 世纪 80 年代，热刺因为非法付款事件而遭到英格兰足总的重罚，一度徘徊在低谷。80 年代末到 90 年代初，热刺曾经拥有英格兰最具想象力的中场天才保罗·加斯科因，以及 1986 年世界杯最佳射手加里·莱茵克尔，可惜这对"双子星"并没有将热刺带出困境。

1994 年，在世界杯表现出色的"金色轰炸机"

降临白鹿巷球场。自此，尤尔根·克林斯曼、泰迪·谢林汉姆、伊利耶·杜米特雷斯库和罗尼·罗森塔尔四大前锋经常联袂出场，令热刺的进球数激增，但失球数也居高不下。

克林斯曼在 1994/1995 赛季打进 21 球，荣膺英超最佳外援。热刺的进攻固然精彩，但防守稀松，攻强守弱的热刺在联赛中仅获第七名。

看到更多进球没有给热刺带来佳绩，于是克林斯曼回归德甲。没了"金色轰炸机"，热刺回归平庸。

四年之后，克林斯曼在意甲桑普多利亚郁郁寡欢，热刺抛出橄榄枝，克林斯曼再次重返热刺。

1997/1998 赛季，"金色轰炸机"依然可以在英超翱翔，15 场联赛打进 9 球，热刺球迷正准备憧憬下赛季的美好之时，克林斯曼却选择在热刺挂靴，留给球迷无尽的怀念。

进入 21 世纪，热刺不得不面对一段蛰伏期。格伦·霍德尔作为球员时代在热刺表现出彩，但执教热刺却不得不面对巧妇难为无米之炊的尴尬。

由于俱乐部紧缩银根，霍德尔只能在转会市场收购廉价老将，而联赛期间球员的体能和伤病则成为掣肘热刺前进的关键。球队唯一一笔超高性价比投入，就是 2002 年花 700 万英镑签下罗比·基恩。

基恩曾经连续在热刺效力 6 个赛季，每个赛季进球数都能上双，虽然后来去了利物浦，再次回到热刺踢了 3 个赛季，却无法恢复当年之勇。

霍德尔被辞退之后，热刺陆续找了好多"救火教练"，都无法带领热刺走出困境。除了桑迪·拉莫斯率队拿到 1 个联赛杯冠军外，其他时间热刺一冠难求，逐渐退出英超一流球队的行列。

2008 年，热刺迎来哈里·雷德克纳普，这位英格兰老帅似乎会施魔法，执教热刺的首个赛季就率队冲到第八名，摆脱了濒临降级的困境。

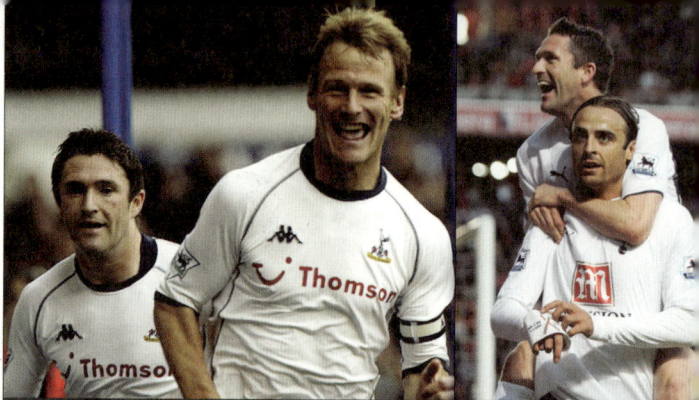

2009/2010 赛季，在雷德克纳普执教下的热刺更是脱胎换骨，一路连克强敌，取得开季 4 连胜。

2009 年 11 月 22 日，热刺在白鹿巷球场上演了一场载入史册的"屠杀"，以 9 比 1 大赢维甘竞技，刷新英格兰顶级联赛的胜场比分纪录。而杰梅因·迪福在下半场的独中 5 球（包括 7 分钟内的"帽子戏法"）追平了英超球员单场进球纪录。

2009/2010 赛季，热刺取得英超联赛第四名的佳绩。拿到欧冠门票的热刺越战越勇，竟然拿到小组第一，随后又淘汰 AC 米兰。虽然在 1/4 决赛中被皇马淘汰，但热刺已经完成了历史性的突破，上一次"白百合"参加欧冠要追溯到 1961/1962 赛季。

回首热刺的欧冠之旅，不乏经典之战，其中加雷斯·贝尔在梅阿查球场成名之战最为耀眼。

2010 年 10 月 20 日，欧冠小组赛，热刺客场挑战国际米兰。上半场热刺以 0 比 4 落后，下半场贝尔如闪电破空，无法阻挡，戏耍萨内蒂、麦孔领衔的世界级防线，上演"帽子戏法"，险些单骑挑翻上届欧冠冠军。

接下来的两个赛季，由于热刺接连出售莫德里奇等大牌球星，导致实力下滑，联赛排名也一直落后于同城死敌阿森纳。2011/2012赛季结束后，雷德克纳普与热刺分道扬镳。

2013年9月，贝尔转会皇马，热刺得到1.2亿欧元高额转会费的同时，也失去了这位当时英超最好的威尔士天才边锋。

雷德克纳普下课之后，热刺几经换帅，均没有起色。直到阿根廷人毛里西奥·波切蒂诺的到来，热刺才彻底得到改变。在波切蒂诺执教热刺的五年里，"白百合"连续四个赛季都闯进英超前四名，甚至在2018/2019赛季杀入欧冠决赛，憾负于利物浦，屈居亚军。波切蒂诺将热刺这样一支中游球队带到豪门行列，无疑是成功的。

然而，波切蒂诺在热刺仅仅五年，而且后期逐渐被架空。彼此之间的不信任，让"七年之痒"提前了两年，波切蒂诺只能带着壮志未酬的遗憾告别白鹿巷。

2019年11月，赋闲一年的穆里尼奥再度出山，接替波切蒂诺成为热刺新主帅。

穆帅半途接手热刺，赶上新冠疫情肆虐的一年，没有增补强援，还走了组织核心克里斯蒂安·埃里克森，而队中王牌孙兴慜和哈里·凯恩也遭遇伤病……在内忧外患的逆境下，穆帅依靠顽强的防守反击战术，最终率队在2019/2020赛季拿到英超联赛第六名，还锁定了欧联杯的席位，这样的成绩可圈可点。

2020/2021赛季，贝尔的归来大大丰富了热刺的进攻体系。穆里尼奥锐意改革，确立了孙兴慜的核心地位。不再一味的防守反击，而加入全攻全守的战术变化，并且盘活凯恩与孙兴慜这对王牌搭档，前者是球队助攻王，后者是球队射手王，而热刺也在积分榜上一路领先。

凭借高效坚韧的防守、坚决果敢的进攻，穆里尼奥率领的热刺，引来英格兰足坛一片盛赞。

穆里尼奥已经发出"新赛季至少要给热刺带来一个奖杯"的豪言。不过，不管是否拿到哪座奖杯，热刺的豪门时代已经到来。

几经风雪，"白百合"都不曾凋零，如今它摇曳绽放，绽放出倾倒英伦的芬芳。

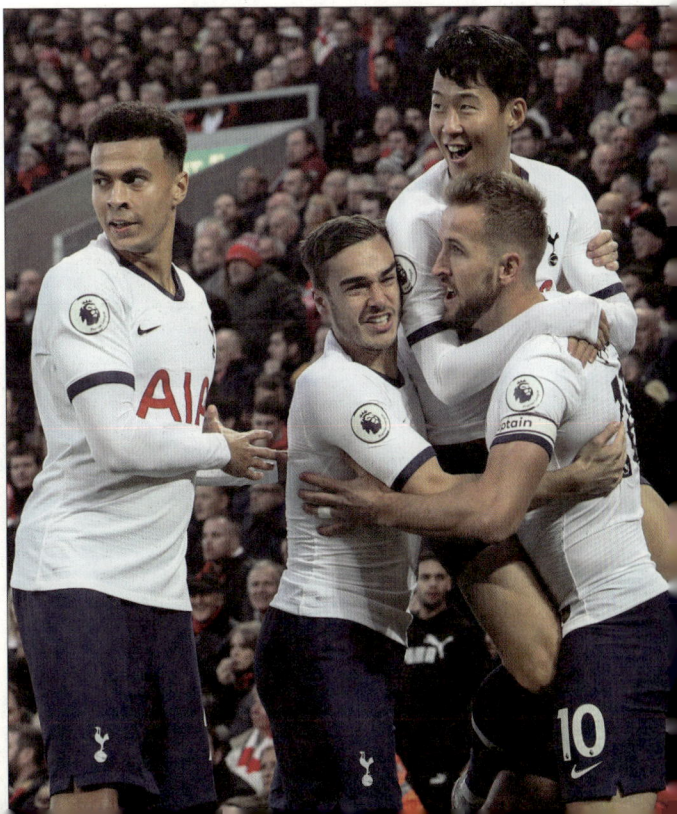

凯恩

热刺王牌射手

HARRY
KANE

　　哈里·凯恩是 21
世纪英格兰本土的首位
金靴射手，在 25 岁时
就加冕热刺总射手王，
收获世界杯金靴奖。

　　凯恩从不是舞弄剑
花的倾城侠客，而是一
剑封喉的嗜血杀手。高
效而务实、敏锐而致命，
2017 年，他曾打进 56
球，打破梅西、C 罗的
"二人转"射手榜垄断
格局，成为欧洲单年度
射手王。

代表热刺出场

308

代表热刺进球

203

孙兴慜

热刺王牌射手

SON
HEUNG-MIN

　　奔袭 70 米，单骑刺穿伯恩利的数道防线，孙兴慜一球封神，这粒进球也夺得普斯卡什奖。作为热刺的"王牌"，孙兴慜在 2020/2021 赛季领跑英超射手榜，纵横闪击，与凯恩搭档成为英超最佳组合，率领热刺一路扶摇而上。

代表热刺出场
250

代表热刺进球
99

足球绅士、清白先生、英格兰历史上最高效前锋，莱因克尔的一生是传奇而难以复制的，这其中就包括在热刺三年105场联赛77球的风云往事。

莱因克尔
热刺传奇巨星
GARY LINEKER

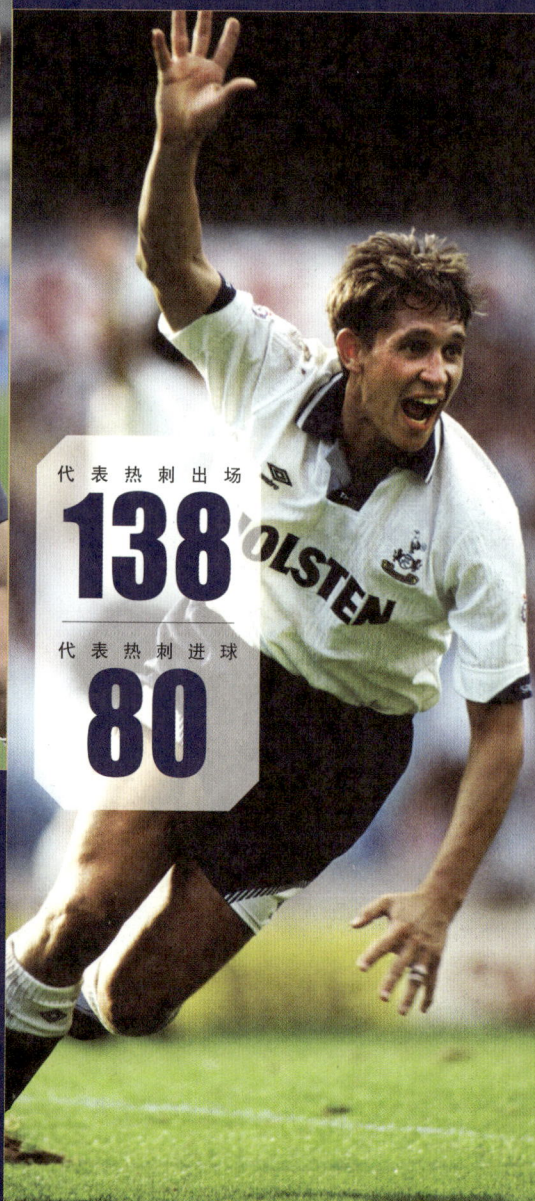

代表热刺出场
212
代表热刺进球
57

代表热刺出场
138
代表热刺进球
80

贝尔
热刺传奇巨星
GARETH BALE

一骑绝尘，谁与争锋，人中贝尔，无可匹敌。从2007年到2013年，贝尔在热刺上演了横空出世的暴走传奇，如今出走半生，"大圣"归来，尚能决胜千里。

热刺经典组合/神奇四侠

凯恩+孙兴慜+阿里+埃里克森

托特纳姆热刺刮起的青春风暴曾经一度席卷英超，这支北伦敦中游球队近几年成为欧洲足坛新贵。在很多人看来，热刺能够取得如此出色战绩，多亏波切蒂诺打造的"神奇四侠"组合——哈里·凯恩、孙兴慜、德拉·阿里和克里斯蒂安·埃里克森。

四人一起踢了很长时间，彼此之间的传跑也非常默契，埃里克森是球队的大脑，是球队进攻发起者，阿里和"亚洲一哥"孙兴慜冲击力十足，锋线上凯恩能力非常全面，既能完成一锤定音，也能为队友策应进攻。

2018/2019赛季，热刺在转会市场没有新援补充的情况下，仅依靠"神奇四侠"的出色表现不仅在英超保持竞争力，还在欧冠赛场上取得历史性突破，历史第一次晋级欧冠联赛的决赛。

热刺经典组合/白鹿巷双枪

基恩+贝尔巴托夫

迪米塔·贝尔巴托夫球商极高，球风优雅，被广大球迷戏称为"潇洒哥"。尽管贝尔巴托夫仅仅在热刺效力两个赛季，但"潇洒哥"还是留下了无可挑剔的数据：102次出场打进46球。他和罗比·基恩组成的"白鹿巷双枪"组合也曾名噪一时。

基恩门前嗅觉敏锐、抢点能力出众，为热刺出场306次打进122个进球，标志性的机枪扫射庆祝动作是白鹿巷球场的经典画面。两人在场上相得益彰，称得上黄金搭档。2007/2008赛季是"白鹿巷双枪"联手的最后一个赛季，他们为热刺赢得一座联赛杯冠军，而这也是热刺迄今最近的一次捧杯时刻。

热刺最佳阵容
TOTTENHAM HOTSPUR

热刺不仅是传统豪门之一，虽然冠军数量相比其他豪门略少，但一直处在具有竞争力的位置，这与他善于挖掘和培养巨星有很大关系，从早期的谢林汉姆、贝尔巴托夫、坎贝尔，到贝尔、莫德里奇，再到如今的埃里克森、凯恩、阿里和温克斯等。

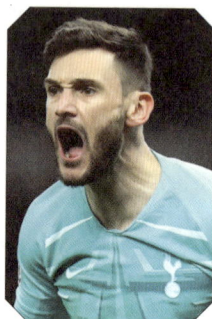

门将 / GK
雨果·洛里斯

作为热刺历史最佳门将之一，洛里斯是球队胜利的最后保证。他的门线技术扎实细腻，拥有超强的制空能力，还有一手扑单刀的绝技，洛里斯是法国世界杯冠军队的主力门将。

中后卫 / DC
莱德利·金

莱德利·金19岁就加盟热刺，为球队效力13年，323次出场，打进14球。他防守强韧、判断精准，亨利曾说莱德利·金是唯一一位不靠犯规就可以从他脚下完成拦截的英超后卫。

中后卫 / DC
索尔·坎贝尔

18岁的坎贝尔就为热刺披挂上阵，首秀就进球。他身体强悍、防守稳健、卡位精准，是英格兰20世纪90年代最好的中后卫之一。坎贝尔效力热刺9年，出场315场，打进15球。

中后卫 / DC
加里·马布特

马布特是全能型的中卫，他为热刺效力16年，也是队史任期最长的队长。他在患上糖尿病期间，坚持带领球队战斗，并且在面部重伤后依然能满血归来，堪称励志的典范。

后腰 / DM
史蒂夫·佩里曼

从1969年到1986年，佩里曼为热刺效力长达17年，为球队出场高达854场，是俱乐部历史出场次数最多的球员。此外佩里曼还打入39球，是一位攻守兼备的中场大将。

中前卫 / MC
保罗·加斯科因

加斯科因是才华横溢的天才，他拥有传统英格兰球员所不具备的细腻脚法以及非凡创造力，如果没有酗酒问题，他的成就还会更高。加斯科因共为热刺出场112场，打进33球。

左边锋 / AML
加雷斯·贝尔

贝尔17岁加入热刺，他在白鹿巷风驰电掣、迅速崛起。对阵国际米兰贝尔上演"帽子戏法"，惊艳天下。贝尔之快，世间无双。当他将球传出3秒后的自己时，对手唯有叹惜。

右边锋 / AMR
孙兴慜

作为当今的"亚洲一哥",孙兴慜已是热刺锋线上的"大杀器"。他的速度和爆发力均属一流,"一条龙"式的突破是他的拿手好戏,他经常依靠个人能力来打破僵局。

前锋 / ST
尤尔根·克林斯曼

克林斯曼效力热刺仅两个赛季,出场68场,却打进惊人的38球。他效力热刺的首个赛季便成为英格兰足球先生。这位名扬世界的"金色轰炸机"在白鹿巷一飞冲天,已成传奇。

中锋 / CF
哈里·凯恩

凯恩是热刺现役射手王,也是欧冠进球数最快达到20球(24场)的英格兰球员。作为当今足坛里屈指可数的全能型中锋,凯恩不仅射术精湛,还攻守俱佳,是如今热刺的领军人物。

前锋 / ST
吉米·格里夫斯

格里夫斯是热刺历史射手王,也是效率极高的"进球机器",其总进球数高居英格兰顶级联赛第一。从1961年效力到1970年,他代表热刺出战381场比赛,打进266球。

哈里·凯恩

尤尔根·克林斯曼　　吉米·格里夫斯

加雷斯·贝尔　　　　　　　　　孙兴慜

史蒂夫·佩里曼　　保罗·加斯科因

莱德利·金　　索尔·坎贝尔　　加里·马布特

雨果·洛里斯

阵形 3-4-3

● 2014—2019 年执教热刺 293 场
159 胜 62 平 72 负

热刺最佳教练

毛里西奥·波切蒂诺

尽管波切蒂诺没有取得任何荣誉,但是他使得热刺重新回到英超第一梯队。他的战术最大的特点就是让球员全能化,中场球员前插充当中锋进球,中锋回撤(或拉边)来充当中场球员的组织和策应,从而大大加强球队进攻的流畅性与观赏性。

意甲联赛
Serie A

尤文图斯 / 国际米兰 / AC 米兰

三　大　豪　门

意大利甲级联赛
亚平宁半岛的小世界杯

意大利足球甲级联赛，简称意甲，是意大利最高级别的足球联赛。

2004/2005 赛季，意甲进行扩军，球队由 18 支增加至 20 支。意甲采用双循环的比赛方式和升降级制度。

20 世纪八九十年代，意甲云集天下最顶尖的球星，被公认为是世界最精彩的联赛，但意甲奉行防守反击为主的打法使其精彩度大打折扣。随着英超、西甲的崛起，意甲逐渐失去"小世界杯"的风采。

〈意甲 20 强名单：2020/2021 赛季〉

亚特兰大	博洛尼亚	卡利亚里	斯佩齐亚
贝内文托	佛罗伦萨	赫拉斯维罗纳	热那亚
国际米兰	尤文图斯	拉齐奥	AC米兰
那不勒斯	帕尔玛	罗马	桑普多利亚
萨索洛	克罗托内	都灵	乌迪内斯

意甲联赛冠军榜（21 世纪）	
冠军球队	赛季
罗马	2000/2001
尤文图斯	2001/2002
尤文图斯	2002/2003
AC米兰	2003/2004
——	2004/2005
国际米兰	2005/2006
国际米兰	2006/2007
国际米兰	2007/2008
国际米兰	2008/2009
国际米兰	2009/2010
AC米兰	2010/2011
尤文图斯	2011/2012
尤文图斯	2012/2013
尤文图斯	2013/2014
尤文图斯	2014/2015
尤文图斯	2015/2016
尤文图斯	2016/2017
尤文图斯	2017/2018
尤文图斯	2018/2019
尤文图斯	2019/2020

2004/2005 赛季因"电话门"事件而冠军空缺

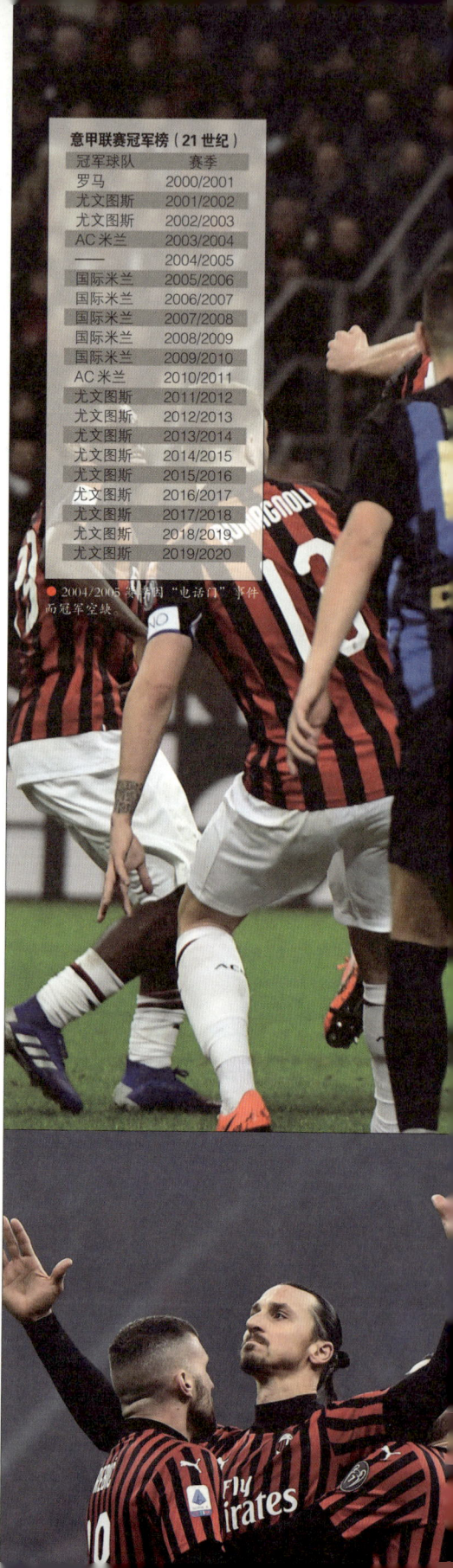

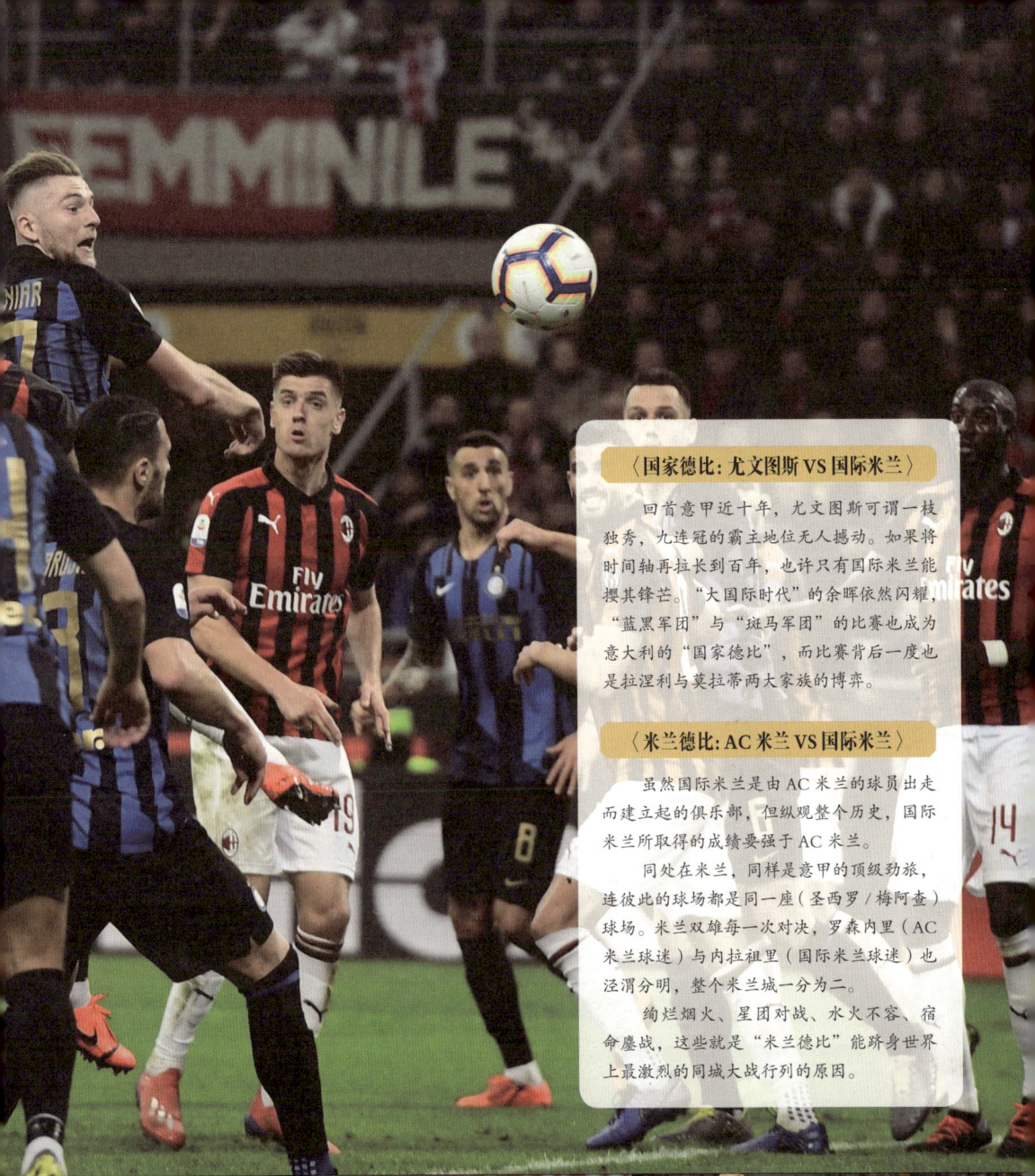

〈国家德比：尤文图斯 VS 国际米兰〉

回首意甲近十年，尤文图斯可谓一枝独秀，九连冠的霸主地位无人撼动。如果将时间轴再拉长到百年，也许只有国际米兰能撄其锋芒。"大国际时代"的余晖依然闪耀，"蓝黑军团"与"斑马军团"的比赛也成为意大利的"国家德比"，而比赛背后一度也是拉涅利与莫拉蒂两大家族的博弈。

〈米兰德比：AC 米兰 VS 国际米兰〉

虽然国际米兰是由 AC 米兰的球员出走而建立起的俱乐部，但纵观整个历史，国际米兰所取得的成绩要强于 AC 米兰。

同处在米兰，同样是意甲的顶级劲旅，连彼此的球场都是同一座（圣西罗 / 梅阿查）球场。米兰双雄每一次对决，罗森内里（AC米兰球迷）与内拉祖里（国际米兰球迷）也泾渭分明，整个米兰城一分为二。

绚烂烟火、星团对战、水火不容、宿命鏖战，这些就是"米兰德比"能跻身世界上最激烈的同城大战行列的原因。

尤文图斯档案

●尤文图斯足球俱乐部 /
Juventus Football Club S.p.A.
●绰号：老妇人、斑马军团
●球衣颜色：黑白
●所在地区：意大利都灵市
●成立时间：1897 年 11 月 1 日
●队歌：《尤文，你是伟大的爱》
●德比对手：国际米兰（国家德比）、
　　都灵（同城德比）

JJ

斑马军团
尤文图斯
JUVENTUS
FOOTBALL CLUB

尤文图斯是夺得意甲联赛冠军次数最多的球队，豪取创纪录的意甲九连冠。作为当之无愧的"亚平宁之王"，将他们的绿茵哲学传布天下，承载着足球对于忠贞与坚韧的极致守望。

从"卡尔卡诺王朝"，到特拉帕托尼带队登顶欧巅；从"银狐"时代力压"米兰双雄"，到"电话门"降级，直至阿莱格里执教"斑马军团"重夺意甲霸主。"斑马军团"一直在书写着都灵城关于足球文艺复兴最唯美的意象。

经过 120 多年的风云跌宕，"斑马军团"纵横绿茵创建王朝盛世，确立了黑白分明的风骨真髓。

尤文图斯的黑白两色是都灵城的一个象征，而阿涅利家族也见证了这家俱乐部近一个世纪的起起落落。"斑马"是这支球队的象征，在前进的路上强者注定马不停蹄。

从阿尔卑球场到安联球场，"百年尤文"经历了风雷激荡的崛起时代，也经历了问鼎欧洲的无上辉煌；有"电话门"事件后的卧薪尝胆，也有意甲九冠功成的酣畅淋漓。读懂尤文图斯便读懂了足球人生。从意乙联赛到欧冠决赛战场的九年光阴，其中走过的艰辛，只有"蒂尼蒂娜"（尤文图斯的球迷）自己最懂。

意甲豪门尤文图斯有着"老妇人""斑马军团"的绰号，鲜为人知的是，作为亚平宁半岛最古老的球队之一，"斑马军团"的建队初衷是成为属于年轻人的一支球队，"年轻人"正是尤文图斯的核心含义。因此从一开始，绵延传承的生命力似乎就与这支球队相伴，从劲旅沉淀为豪门，并奠定意甲绝对王者的地位，在长达 120 多年的历史中，他们始终不忘初心，将沉稳的王者气质注入灵魂，写就辉煌的历史。

都灵安联体育场

　　此前，尤文图斯有过多个主场，如休伯特一世赛车场、马西利亚体育场、都灵奥林匹克体育场和阿尔皮球场，其中都灵奥林匹克体育场用时最久（57年）。2011年，在阿尔皮球场基础上改造兴建的新球场正式投入使用。从2017年起至2030年，这座新球场由于冠名原因而改称为都灵安联球场。尤文图斯也成为意大利首支拥有独立专业足球场的俱乐部。

尤文图斯历史总出场榜

球员	位置	总出场
德尔·皮耶罗	前锋	705 场
吉安路易吉·布冯	门将	676 场
加埃塔诺·西雷阿	后卫	552 场
朱塞佩·弗里诺	中场	528 场
吉奥吉奥·基耶利尼	后卫	514 场
罗伯托·贝特加	前锋	482 场
迪诺·佐夫	门将	476 场
詹皮耶罗·博尼佩尔蒂	前锋	459 场
桑德罗·萨尔瓦多莱	后卫	450 场
佛朗哥·考西奥	中场	447 场

尤文图斯历史总射手榜

球员	国籍	总进球
德尔·皮耶罗	意大利	290 球
詹皮耶罗·博尼佩尔蒂	意大利	179 球
罗伯托·贝特加	意大利	178 球
大卫·特雷泽盖	法国	171 球
奥马尔·西沃里	阿根廷	167 球
菲利斯·博雷尔	意大利	158 球
彼得罗·阿纳斯塔西	意大利	130 球
约翰·汉森	丹麦	124 球
罗伯托·巴乔	意大利	115 球
费德里科·蒙拉蒂	意大利	113 球

✛ 特别链接：意甲九连冠

　　尤文图斯共赢得 36 届意甲联赛冠军，是获得此项冠军次数最多的意甲球队，是当之无愧的亚平宁霸主。而从 2011/2012 赛季到 2019/2020 赛季获得意甲九连冠，创下欧洲五大联赛最多连冠纪录。

尤文图斯欧冠冠军榜

冠军数	夺冠赛季
2次	1984/1985、1995/1996

尤文图斯意甲联赛冠军榜

冠军数	夺冠赛季（年份）
36次	1905、1925/1926、1930/1931、1931/1932、1932/1933、1933/1934、1934/1935、1949/1950、1951/1952、1957/1958、1959/1960、1960/1961、1966/1967、1971/1972、1972/1973、1974/1975、1976/1977、1977/1978、1980/1981、1981/1982、1983/1984、1985/1986、1994/1995、1996/1997、1997/1998、2001/2002、2002/2003、2011/2012、2012/2013、2013/2014、2014/2015、2015/2016、2016/2017、2017/2018、2018/2019、2019/2020

1897 年，尤文图斯成立，奠基者们并没有想到这支球队日后会书写多么伟大的传奇。在当时，热那亚是意大利足球早期的霸主，同在都灵城的竞争者也实力非凡。尤文图斯在创立初期，由于受到当时纺织染色技术的限制，确定了以黑白为基调的球衣和队徽，于是简洁明快、古朴典雅的黑白剑条衫成为尤文图斯的标志。

当提到尤文图斯的时候，菲亚特集团和阿涅利家族是无法回避的角色。作为意大利最具权势的势力之一，阿涅利家族在 20 世纪 20 年代入主尤文图斯，他们为"斑马军团"带来的不只是先进的新球场，还有领先于当时意大利足坛的管理体系。

20 世纪 30 年代，意大利足坛正式进入职业化时代，拥有"铁三角"——詹皮耶罗·孔比、维尔吉尼奥·罗塞塔、阿姆贝托·卡利加里斯的尤文图斯兵强马壮。雷蒙多·奥尔西和乔万尼·费拉里摧城拔寨，归化球员蒙蒂的加盟更是锦上添花。从 1930/1931 赛季至 1934/1935 赛季，"斑马军团"实现意甲联赛历史上的第一个五连冠，在 1934 年世界杯夺冠的意大利队中有 9 名球员来自尤文图斯。

然而，任何一支球队的历史都是巅峰与低谷交错的。1935 年，年轻有为的尤文图斯主席爱德华多·阿涅利在一次飞机事故中不幸罹难，随后王朝功勋们相继离队，"斑马军团"遭遇了一段长达 15 年的联赛冠军荒。

此后尤文图斯在 20 世纪 50 年代经历短暂复兴，但更多的时候是沉寂。正是经过这段黑暗时光的洗礼，才给了这支豪门毅然崛起的力量。在沉淀的岁月里，人们不应该忘记——博尼佩尔蒂。他从 1946 年加盟尤文图斯，此后的 15 年时间将整个职业生涯都奉

献给了"老妇人"，与球队共同赢得了五个联赛冠军和两个意杯冠军。作为球员，詹皮耶罗·博尼佩尔蒂一共为尤文图斯征战459场比赛，攻入179粒进球，这两项纪录保持了40年的时间。

1961年，33岁的博尼佩尔蒂告别球员时代，1971年他成为尤文图斯主席，在其担任主席的19年里，尤文图斯又拿下9座冠军奖杯，其中包括意甲联赛冠军、洲际冠军以及丰田杯的冠军。

从1971/1972赛季开始，尤文图斯在11个赛季中7次拿到意甲联赛冠军，"斑马军团"也成为意大利足坛第一支在胸前绣上两颗星的球队——这个荣耀直到今天还是他们的专属。而当时"米兰双雄"获得意甲联赛冠军数相加也未曾企及20次。

在这样的辉煌时期，拥有老当益壮的迪诺·佐夫是尤文图斯的幸运。从1972年到1983年，意大利传奇门神守护了"老妇人"的城门11年之久。

尤文图斯在1973年和

1983年两次进入欧洲冠军杯决赛，前一次被约翰·克鲁伊夫领衔的阿贾克斯击败，后一次则遗憾地输给德甲劲旅汉堡。佐夫没能为尤文图斯带来的欧洲冠军的荣耀，只能由后辈们去寻求突破。

对于尤文图斯来说，能够在20世纪80年代拥有米歇尔·普拉蒂尼是又一种幸运。当时的"斑马军团"在特拉帕托尼治下已经拥有了保罗·罗西、盖塔诺·西雷阿、安东尼奥·卡布里尼、马尔科·塔尔代利等多名球星，但唯有普拉蒂尼能成为最重要

151

的那块冠军拼图。

1983/1984 赛季，凭借拉蒂尼和罗西的出色发挥，尤文以 2 分优势从罗马手中夺回意甲冠军，并击败波尔图夺得优胜者杯，这让"斑马军团"全队上下野心勃勃。

1984/1985 赛季，尤文图斯再次闯入冠军杯决赛，然而对阵利物浦的决赛之夜，海瑟尔球场的墙壁轰然倒塌，造成 39 名球迷身亡。在"海瑟尔惨案"的阴影笼罩下，普拉蒂尼通过点球打进全场唯一的进球。尤文图斯终于夺得冠军杯冠军，但历史记住的是这个忧伤的夜晚，这个荣耀变得有些黯然。

20 世纪 80 年代末至 90 年代初，"米兰王朝"与"意甲七姐妹"共筑"小世界杯"盛世，并非主角的尤文图斯只能慢慢度过他们的"冰河期"，他们等来"银狐"马尔切洛·里皮和"斑马王子"德尔·皮耶罗，接下来便是"王朝"的到来。

1995/1996 赛季，里皮率领"斑马军团"开启了征服之路，皮耶罗、法

布里齐奥·拉瓦内利和詹卢卡·维亚利组成的无坚不摧的"三叉戟"。

尤文图斯在欧冠决赛的对手是上届冠军阿贾克斯。120 分钟鏖战后的点球大战里，门将安格罗·佩鲁济先后扑出埃德加·戴维斯和桑尼·希罗伊的点球，而尤文图斯四名出场的球员都稳稳罚中。在"海瑟尔惨案"十周年之际，尤文终于依靠实力再次夺

得欧冠冠军。

百折不挠、无坚不摧，这大概就是尤文图斯的特质。这支球队拥有过罗伯托·巴乔和齐内丁·齐达内这样的球星，也哺育着皮耶罗、帕维尔·内德维德和詹路易吉·布冯这样的绝对忠臣。

即使他们在随后一年的欧冠决赛中，被里肯的鬼魅吊射击溃。即使他们在 2003 年，以点球大战不

敌 AC 米兰，然而他们还是会一次又一次地向梦想发起冲击，如果说斑马拥有野望，那疾驰向前就是永恒不变的追求。

2006 年夏天，"电话门"事件犹如一场地震，却摧不毁尤文图斯百年豪门的底蕴。"布拉德皮特"五君子与球队一起坚守意乙、复兴救赎。从 2006 年被迫降级到 2012 年重夺意甲冠军，再到 2015 年回到欧冠决赛，尤文图斯的故事满载着励志精神。

2015 年和 2017 年，马西米利亚诺·阿莱格里率领尤文图斯两进欧冠决赛，但两次都折戟巅峰，队史已经连续 5 次欧冠决赛失利，让"黑白军团"有了几分悲情的色彩。

为了改变欧冠的宿命，尤文图斯在 2018 年 7 月 10 日，耗资 1.05 亿欧元的转会费将 C 罗招至麾下，CR7 的到来极大地丰富了"黑白军团"战术体系。

在 C 罗的率领下，尤文图斯在意甲赛场几乎成为独孤求败式的存在，连续两个赛季再夺意甲联赛冠军。自此，他们已豪取意甲九连冠，创造欧洲五大联赛的新纪录。

2020 年 8 月，尤文图斯与里昂战成 2 比 2 平，因客场进球差而止步于欧冠 1/8 决赛。虽然依然没有在欧冠赛场取得突破，但 C 罗率领尤文图斯展现出强队的风范。

2020/2021 赛季，C 罗在前 9 场比赛中打进 12 球，职业生涯总进球数为 758 粒，超越贝利（757 粒），率领尤文图斯渐渐回到王者的正轨。

尤文图斯夺得了 36 座意甲冠军、13 座意大利杯冠军和 2 座欧冠冠军奖杯。经历了上古时期的蛰伏与洗礼、崛起中的动荡与拼搏、"电话门事件"后的跌落与沉寂、15 年无缘意甲的坚守与重生……在百年浮沉中完成了意甲霸主的蜕变。

代表尤文图斯出场

705

代表尤文图斯进球

290

皮耶罗

尤文图斯王牌射手

ALESSANDRO DEL PIERO

二十载尤文图斯生涯，皮耶罗是永恒的"斑马王子"。无论是波澜壮阔的辉煌岁月，还是风潇雨晦的降级时光，我们总能看到黑白10号的身影。290粒进球、历史第一射手、"斑马军团"队长、皮耶罗区域、彩虹进球、吐舌庆祝。那些吉光片羽，将和这里的云飞雪落一道，飞扬在尤文图斯球场的天空，成为永恒而又闪耀的最炫风景。

代表尤文图斯出场

676

单赛季意甲连续不失球
（分钟）

974

在尤文图斯球门线前，布冯一站就是18个年头。他代表着稳定、忠诚、威望、强大，他斗志昂扬、坚如钢铁，是"斑马军团"历史上一面猎猎劲风的黑白战旗。

脚法细腻、球风华丽，既能穿针引线，又能百步穿杨。作为尤文图斯第一位艺术大师级别的10号球员，普拉蒂尼将自己最巅峰的年华全部奉献给"斑马军团"。

代表尤文图斯出场

222

代表尤文图斯进球

103

200

代表尤文图斯进球

115

巴乔

尤文图斯传奇巨星
ROBERTO BAGGIO

　　他是尤文图斯曾经的"马尾辫王子"，拥有地中海般深邃而湛蓝的眼眸。骨子里巴乔是一名"9号半"球员，既有9号前锋一剑封喉的杀手特质，又兼10号前卫指挥若定的统帅之才。他集强大的攻击力、浪漫的想象力和无穷的创造力于一身。

尤文图斯经典组合／斑马双星

因扎吉＋皮耶罗

　　如果没有伤病，如果没有恩怨，皮耶罗和因扎吉也许会成为尤文图斯队史上最伟大的锋线组合。然而，竞技体育从来不接受任何假设。从初见时的一鸣惊人，到离别时的无可奈何，"斑马双星"留给球迷的只有短暂的美好回忆和无尽的遗憾感伤。

　　1997年夏天，带着意甲最佳射手的荣耀加盟"老妇人"的因扎吉意气风发，他与皮耶罗组成了令整个亚平宁为之胆寒的"斑马双星"。合作的首个赛季，两人联袂打进59球，帮助尤文图斯荣获意甲冠军和欧冠亚军。"斑马"球迷对这支年轻的超级攻击线充满无限期待，皮耶罗才华横溢、脚法细腻，因扎吉嗅觉敏锐、射术精湛，无论从哪方面看，这都会是一对完美的锋线搭档。

　　1998年11月8日，皮耶罗在与乌迪内斯的比赛中左膝十字韧带撕裂，远离赛场9个月之久。复出后的"斑马王子"状态一落千丈，而因扎吉则成为雷打不动的当家前锋。此后，两人关系逐渐微妙，在尤文图斯，皮耶罗的旗帜地位不可动摇，而个性好强的因扎吉则不满于自己在尤文图斯的定位。

　　随着2001年因扎吉转会AC米兰，"斑马双星"分道扬镳。合作四年，两人除了在首个赛季表现出了惊人的默契之外，其余三年二人仿佛心存芥蒂，始终未能合拍。

尤文图斯经典组合 / 后防 "BBC"

博努奇 + 巴尔扎利 + 基耶利尼

皇马的 "BBC" 组合名震世界足坛，在尤文图斯也有一个声名显赫的 "BBC" 组合，他们就是博努奇（Bonucci）、巴尔扎利（Barzagli）和基耶利尼（Chiellini）组成的后防 "BBC"。

从 2011 年巴尔扎利加盟尤文图斯，到 2017 年博努奇转会 AC 米兰，后防 "BBC" 组合在合作的 6 年时间里，帮助 "老妇人" 完成了意甲六连冠的霸业，并两次率队杀进欧冠联赛的决赛。

巴尔扎利拥有极佳的位置感和阅读比赛的能力，是尤文图斯右路防守的绝对屏障。博努奇作为现代型的中后卫，有着出色的传球技术和视野，他的后场长传是球队的反击利器。队长基耶利尼是传承意式防守艺术的老派后卫，精于拦截封堵的他，是尤文图斯钢铁后防线的 "定海神针"。

三人在场上默契无间，各司其职的同时又能彼此互补，共同撑起了 "老妇人" 滴水不漏的后防线。在 2016/2017 赛季欧冠联赛里，"BBC" 组合镇守尤文图斯的后防线，可谓滴水不漏，12 场欧冠比赛中仅丢 3 球，并在两回合同巴萨的比赛中零封 "MSN" 组合。

如今，巴尔扎利已经退役，名震一时的后防 "BBC" 已不复存在，但他们为尤文图斯的后防线注入了钢铁般的强度与坚韧，使得这支球队依然能屹立于意甲联赛的顶峰。

尤文图斯经典组合 / "MVP" 组合

马尔基西奥 + 比达尔 + 皮尔洛

当一支球队中拥有 "MVP" 时，那想必运气不会太差。对 2011 年至 2015 年的尤文图斯而言，当他们拥有 "MVP" 时，运气的确站在了他们这一方。克劳迪奥·马尔基西奥（Marchisio）、阿图罗·比达尔（Vidal）和安德烈亚·皮尔洛（Pirlo）组成的中场 "MVP" 组合，在合作的首个赛季就率队夺回了阔别九年之久的意甲联赛冠军，并携手率领尤文图斯蝉联四届此项桂冠。

马尔基西奥是典型的意大利中场球员，跑动出色，攻防俱佳，硬朗的球风和犀利的后插上能力，让他得以从 "老妇人" 青训营脱颖而出，并一举成为 "斑马军团" 队魂级别的存在。

司职中前卫的比达尔是难得一见的全能人才，他几乎可以胜任中场的每个位置，出色的防守意识和超强的进攻能力，让他成为尤文图斯阵容中的 "万金油"。至于皮尔洛，无论是从 AC 米兰还是尤文图斯，他都证明自己是球队大脑和领袖。2015 年，随着皮尔洛远走纽约城和比达尔远赴拜仁慕尼黑，"MVP" 组合宣告解散。

四年七冠、加上一次欧冠亚军，尤文图斯中场 "MVP" 与后防 "BBC" 组合联手梳理尤文图斯的攻防战线，成为那段时期球队所向披靡的关键，亦成为斑马球迷终生难忘的经典记忆。

尤文图斯历史
最佳 11 人阵容

据统计，尤文图斯是为意大利输送国脚最多的球队，每逢大赛，意大利国家队中都会被尤文图斯球员占据半壁江山，尤其是后防线，也因此尤文图斯被公认为是欧洲防守最好的球队。

门将 / GK
吉安路易吉·布冯

沉稳、内敛、低调，布冯是公认的意甲第一门将，从 2001 年加盟尤文图斯以来，他一直守护着"斑马军团"的最后防线，两次曾创造单赛季 21 次零封对手的意甲纪录。

中后卫 / DC
吉奥吉奥·基耶利尼

16 载"斑马"生涯，基耶利尼随尤文图斯豪取意甲九连冠，他也是队史第 5 位出场达到 500 场的球员。他抢断凶狠、速度迅疾、防空能力超强，是球队的后防领袖。

中后卫 / DC
盖塔诺·西雷阿

西雷阿是意大利防守艺术中最优秀的代表人物之一，他阅读比赛能力出众，从容不迫、处变不惊。他与詹蒂莱"一文一武"，筑起了尤文图斯十余载的钢铁防线。

中后卫 / DC
亚历桑德罗·萨尔瓦多莱

萨尔瓦多莱身披黑白战袍长达 13 年，共出场 450 次。在尤文图斯效力期间，他以出众的防守意识和惊人的防守能力成为球队的后防中坚。他同时也是一位全能型的球员。

左前卫 / ML
帕维尔·内德维德

内德维德在场上总是永不停歇地奔跑，他仿佛拥有一副钢铁之躯和机械心脏，是尤文图斯的进攻发动机。他那一头随风飞舞的金色长发与黑白剑条衫融为一体。

中前卫 / MC
齐内丁·齐达内

齐达内拥有优雅、华丽的脚法，是真正的古典球风大师。他代表尤文图斯 151 次征战意甲，打入 31 球，荣膺 2 届世界足球先生，并率队夺得 2 次意甲冠军和 1 次欧洲超级杯冠军。

中前卫 / MC
米歇尔·普拉蒂尼

普拉蒂尼为尤文图斯效力 5 年，率队拿遍国内外所有冠军，让尤文图斯成为首支荣获大满贯的欧洲球队。他是足球智慧与优雅风格的代名词，既能穿针引线，又能娴熟射门。

右前卫/MR
詹卢卡·赞布罗塔

赞布罗塔球风朴实无华,却左右两边均能胜任,从边后卫到边锋都驾驭得完美无缺。1999年加入球队到2006年离开,共代表尤文图斯出场294次,打进10球。

前锋/ST
德尔·皮耶罗

灵动清雅,射术精湛,皮耶罗是永远的"斑马王子"。从1993年到2012年,他代表尤文图斯出场705次,打进290球,是队史出场最多和进球最多的纪录保持者。

中锋/CF
大卫·特雷泽盖

身材高大、嗅觉敏锐,门前一击狠准刁钻,特雷泽盖作为出色的抢点型高中锋,一共为尤文图斯出场318次,奉献171粒进球,是队史进球最多的外籍球员。

前锋/ST
罗伯托·巴乔

巴乔在效力尤文图斯的200场比赛中打进115球,并率队赢得意甲冠军、意大利杯冠军和欧洲联盟杯冠军。他是一位艺术足球的天才,忧郁的眼神和飞扬的马尾辫,是他独有的标志。

大卫·特雷泽盖
德尔·皮耶罗　罗伯托·巴乔
帕维尔·内德维德　詹卢卡·赞布罗塔
齐内丁·齐达内　米歇尔·普拉蒂尼
吉奥吉奥·基耶利尼　盖塔诺·西雷阿　桑德罗·萨尔瓦多莱
吉安路易吉·布冯

阵形 3-4-3

● 1994—1999年、2001—2004年执教尤文图斯 405场 227胜 104平 74负

尤文图斯最佳教练
马尔切洛·里皮

因为一头银发、机智多谋,里皮赢得"银狐"的称号。初到尤文图斯时的他默默无闻,却能降服队中的诸位大牌球员。

里皮讲究球队的整体配合,要求打法更具进攻性,比赛时整体阵形要前压。凭借此战术,在20世纪90年代他率领尤文图斯所向披靡,"黑白军团"进入一个新的黄金时期。

国际米兰档案

● 国际米兰足球俱乐部
Football Club Internazionale Milano S.p.A.

● 绰号：内拉祖里、蓝黑军团

● 所在地区：意大利米兰市

● 成立时间：1908 年 3 月 9 日

● 主场：朱塞佩·梅阿查球场

● 队歌：《疯狂的国米》

● 德比对手：尤文图斯（国家德比）、
AC 米兰（同城德比）

蓝黑军团
国际米兰
FOOTBALL CLUB
INTERNAZIONALE MILANO

如果上帝不是国际米兰球迷，那么为何天空是蓝色，夜幕是黑色。这固然是一种颇具情怀的说法，却能体现蓝黑拥趸的虔诚。这是一支从诞生之日起就与众不同的球队，以"我们是世界的兄弟"为口号，历经百年沧桑，从未改变。

国际米兰是从不缺乏巨星，从梅阿查到法切蒂、从"三驾马车"到罗纳尔多，从萨内蒂到米利托，梅阿查球场见证了太多英雄史诗，这样的故事将"蓝黑王朝"点缀得更加瑰丽斑斓。

在意大利足球的版图中，国际米兰注定与众不同，这支球队的创建充满传奇色彩。

1908 年的 3 月，当时 AC 米兰内部矛盾重重，球队的意大利和瑞士籍球员对俱乐部的过分英国化和外援政策不满，愤而离队自立门庭，创立了新球队。新球队的队长是瑞士人，队名则是简单直白的"国际"，其意义就是包容所有国籍的球员。

国际米兰创立之后就确定了蓝黑球衣，黑色代表着黑夜，蓝色代表着大海，而海水可以扑灭火焰，其意义不言而喻（AC 米兰是红黑相间的球衣，红色代表火焰）。

由于从 AC 米兰出走的球员都是骨干，因此国际米兰从建队之初就颇具竞争力，建队第二年，就在"米兰德比"中痛击同城死敌 AC 米兰，最终加冕意甲联赛冠军。

20 世纪 10 年代到 20 年代，国际米兰依靠海纳百川的胸怀逐渐成长为与尤文图斯分庭抗礼的顶级球队。到了 20 世纪 30 年代，国际米兰涌现一批传奇人物，朱塞佩·梅阿查就是其中翘楚。他是意大利 1934 年和 1938 年连夺世界杯的股肱之臣，在漫长的蓝黑生涯中，这名传奇球星出战 408 场比赛，打进 284 球，成为国际米兰历史上最伟大的球星。

1980 年，梅阿查去世之后，"米兰双雄"共同的圣西罗球场被命名为梅阿查球场。

国际米兰欧冠冠军榜

冠军数	夺冠赛季
3次	1963/1964、1964/1965、2009/2010

国际米兰意甲联赛冠军榜

冠军数	夺冠赛季
18次	1909/1910、1919/1920、1929/1930、 1937/1938、1939/1940、1952/1953、 1953/1954、1962/1963、1964/1965、 1965/1966、1970/1971、1979/1980、 1988/1989、2005/2006、2006/2007、 2007/2008、2008/2009、2009/2010

国际米兰历史总射手榜

球员	国籍	总进球
朱塞佩·梅阿查	意大利	284球
亚历山德罗·阿尔托贝利	意大利	209球
罗伯托·博宁塞尼亚	意大利	171球
桑德罗·马佐拉	意大利	161球
路易吉·塞维尼尼	意大利	158球
贝尼托·洛伦齐	意大利	143球
伊斯特万·尼耶斯	匈牙利	133球
毛罗·伊卡尔迪	阿根廷	124球
克里斯蒂安·维埃里	意大利	123球
埃曼诺·埃比	意大利	106球

国际米兰历史总出场榜

球员	位置	总出场
哈维尔·扎内蒂	后卫	858场
吉乌塞普·贝尔格米	后卫	756场
贾辛托·法切蒂	后卫	634场
桑德罗·马佐拉	中场	565场
朱塞佩·巴雷西	后卫	560场
马里奥·科索	中场	503场
沃尔特·曾加	门将	473场
塔尔西西奥·布尔什	后卫	467场
亚历山德罗·阿尔托贝利	前锋	466场
伊万·科尔多巴	后卫	454场

国际米兰荣誉榜

03

三届欧冠联赛冠军

03

三届欧洲联盟杯冠军

18

十八届意甲联赛冠军

07

七届意大利杯冠军

05

五届意大利超级杯冠军

02

两届洲际杯冠军

01

一届世俱杯冠军

✚ 特别链接：首支三冠王球队

2010 年，国际米兰连续获得意甲联赛、意大利杯和欧冠联赛三项冠军，成为意大利足球历史上第一支也是唯一一支"三冠王"球队。

朱塞佩·梅阿查球场

国际米兰最早的主场是奇维克竞技场，直到 1947 年才与 AC 米兰共用圣西罗球场，并在自己主场作战时称之为梅阿查球场。作为欧洲和意大利最盛名的球场，梅阿查也被欧足联评为欧洲顶级的 23 座五星级球场之一。1980 年，为纪念 20 世纪三四十年代先后效力于"米兰双雄"的意大利著名球星朱塞佩·梅阿查，米兰市政府将该球场正式更名为朱塞佩·梅阿查球场。

　　"蓝黑军团"的历史并非没有低谷，但每一次都会有英雄来扭转乾坤。

　　20世纪50年代，安杰洛·莫拉蒂正式买下国米，从此开启了一个崭新的时代。这个被称作老莫拉蒂的男人，将阿根廷名帅埃伦尼奥·埃雷拉带到球队，又从巴萨挖角金球奖获得者路易斯·苏亚雷斯。即便如此，国际米兰直到1962/1963赛季，才打破尤文图斯和AC米兰对意甲冠军的垄断。在当时，"蓝黑军团"汇聚了朱利亚诺·萨尔蒂、塔尔西斯奥·布尔尼什、贾琴托·法切蒂、雅伊尔·达·科斯塔、桑德罗·马佐拉、奥雷利奥·米拉尼、苏亚雷斯和马里奥·科尔索等超级球星，拥有了与群雄逐鹿的资本。

　　厚积而薄发的"蓝黑军团"终于迎来"大国际时代"。

　　20世纪60年代，埃雷拉对国际米兰进行了彻底改造，意大利足球精髓的链式防守被植入球队，"蓝黑军团"彻底颠覆。1963/1964赛季，国际米兰在冠军杯赛场所向披靡，一路淘汰埃弗顿、摩纳哥、贝尔格莱德游击和多特蒙德，闯进最后决赛。面对的是当之无愧的冠军杯王者——皇马。充满韧性的国际米兰，凭借马佐拉的"梅开二度"和米拉尼的进球，以3比1将"欧洲皇帝"皇马击败。

　　君临欧洲是无上的荣耀，而击败皇马辉煌还未结束。一年之后，他们接连斩落布加勒斯特迪纳摩、格拉斯哥流浪者、利物浦和本菲卡，成为意大利第一支成功卫冕冠军杯

的球队。这支国际米兰拥有现象级统治力，人们为"大国际时代"而欢呼，这已然成为一个"蓝黑王朝"。

可惜没有没有永恒的巅峰，1965/1966赛季，国米拿到队史第10个意甲冠军，为自己胸前绣上第一颗星，这也是"大国际时代"的末日余晖。

此后"大国际时代"渐渐消隐，"蓝黑军团"进入一段挣扎时期。

不过即便在近60年后，提起那段历史，老国米球迷仍旧心潮澎湃。

"大国际时代"赋予了国米这支豪门新的内涵与底蕴。百折不挠、坚持自己，如果质疑者要投来嘲讽，那就用实力与成绩回复他们。正是这种精神内涵，永远激励着国际米兰不甘沉沦。

意大利国家德比是国际米兰与尤文图斯之间的对决，因为在AC米兰20世纪80年代走向辉煌之前，"蓝黑军团"的影响力远胜于这个同城死敌。

20世纪80年代末，意甲联赛风起云涌，成为

"小世界杯"。尤尔根·克林斯曼、洛塔尔·马特乌斯和安德烈亚斯·布雷默相继降临意甲，"德国三驾马车"也成为国际米兰的中坚力量。

20世纪90年代初期，"蓝黑军团"濒临降级。1995年，马西莫·莫拉蒂入主国际米兰之后，不惜花费重金来招揽锋线巨星。

国际米兰先后迎来尤里·德约卡夫、罗伯托·巴乔、克里斯蒂安·维埃里、伊万·萨莫拉诺、罗纳尔多等世界级前锋。众星云集的国际米兰没有夺回意甲联赛冠军，反被冠以"球星黑洞"。

1998年的罗纳尔多以首位国际米兰球员的身份加冕世界足球先生，这位

正值巅峰期的"外星人"风驰电掣、"钟摆式"过人，几乎无法阻挡，却败给了频繁的伤病，未能为国际米兰建立太多功勋。

那是最坏的时代，也是最好的时代，虽然没有收获联赛冠军，但"蓝黑军团"却收获大批球迷的拥簇，尤其是在遥远东方的中国观众。

在那个时代，为了对抗国际米兰，尤文图斯与AC米兰建立了"神圣同盟"，双方互享球员资源、联手抑制国际米兰。

国际米兰在"神圣同盟"的阴影笼罩下17年无冠，即便如此，这个百年豪门却从未丢掉追逐冠军的信念。

1995年8月27日，身披4号战袍的"小将"首次出现在梅阿查球场。此后，哈维尔·萨内蒂将19年的球员生涯都留在这里，成为守护在米兰城的"潘帕斯雄鹰"。一生一队，大抵如此。

2004年，罗伯托·曼奇尼出任国际米兰主教练，他率队豪取联赛17连胜，蝉联意甲三连冠，打造出新的"国米王朝"。重新崛起的国际米兰喷薄怒放，再次屹立在亚平宁之巅。

2008年何塞·穆里尼奥开始执教国际米兰，这位意甲年薪最高的主帅率队再创新辉煌。2009/2010赛季，伯纳乌的欧冠决赛，国际米兰凭借米利托"梅开二度"，以2比0击败拜仁，夺得欧冠冠军。

自此，"蓝黑军团"将意甲联赛、意大利杯、欧冠的三项桂冠集于一身，其中还缔造了意甲五连冠，一个亚平宁足球史无前例的"三冠王"诞生了。

在萨内蒂举起大耳朵杯时，大概没有人会想到，这次的"大国际时代"只是昙花一现。

2010年5月，穆里尼奥加盟皇马，随着"魔力鸟"的离开，国际米兰君临欧洲的辉煌也渐渐消失，取而代之的低谷中的徘徊。

从2009/2010赛季的"三冠王"，到2010/2011赛季的意甲联赛亚军，再到2011/2012赛季意甲联赛第六，一路下滑，一切都恍如隔世。

王朝不再，"蓝黑豪门"又经历一轮新的轮回。

2016 年，苏宁集团董事长张近东投资 2.7 亿欧元收获国际米兰将近 70% 的股份，随着中国资本的注入，国际米兰这个百年豪门终于重现了复兴的希望。2017/2018 赛季，国际米兰最后一轮逆天改命，重回欧冠联赛。

2019/2020 赛季，安东尼奥·孔蒂出任国际米兰主教练，这位激情四射的主帅率队在意甲联赛中高歌猛进，最终得到 82 分，险些掀翻尤文图斯的王权统治。在欧联杯赛场国际米兰更是一路杀入决赛，惜败于塞维利亚，屈居亚军。"蓝黑军团"在 2019/2020 赛季各项赛事中火力全开，一共打入 113 粒进球，创队史 90 年来的新高。

"大国际时代"的故事太过遥远，"三冠王"的盛举已成传奇，请珍惜当下的国际米兰。罗梅卢·卢卡库和劳塔罗·马丁内斯摧城拔寨，马塞洛·布罗佐维奇喋血战场，萨米尔·汉达诺维奇坚若磐石，尼科洛·巴雷拉书写新的希望。

巅峰诞生跟风的拥趸，黄昏留下虔诚的信徒，国米的沉沦与复兴，告诉世人只要能在最深的绝望里坚持希望，就总能等来最美丽的风景。

百年浮沉，起起落落，蓝黑豪门的故事待人续写，国际米兰的精神内涵却从未改变，正是那光辉的起点，成就了绵延的诗篇。如今，国际米兰又进入了一个全新的时代。

代表国际米兰出场

99

代表国际米兰进球

59

从1997年到2002年，从21岁到25岁，五年巅峰岁月，一个还未发福的罗纳尔多。这位单骑闯关、马踏流星的"蓝黑天才"，没有人能够阻挡，唯一能阻挡他的是伤病。

罗纳尔多在国际米兰的宛如划过天边的流星，既无比绚烂，又无比短暂。

国际米兰队史中高手如云，但罗纳尔多只有一个。虽然"外星人"的蓝黑生涯被频繁的伤病切割得支离破碎，但联盟杯决赛上的"钟摆式"过人，"米兰德比"中销魂一抹，早已成为国际米兰最为经典的永恒瞬间。

罗纳尔多

国际米兰王牌射手

RONALDO

法切蒂

国际米兰传奇巨星

GIACINTO FACCHETTI

代表国际米兰出场

634

代表国际米兰进球

75

伟大的意大利的左后卫，"大国际时代"的核心球员，法切蒂是蓝黑球迷心中无可替代的"国王"，而他的3号球衣早已成为一面永恒的旗帜，飘扬在梅阿查球场。

他是不老的队长，永远的小将，19年蓝黑淬炼让他成为国际米兰的象征。荣誉等身、忠勇无双。当他挂靴归去，梅阿查球场早已镌刻下"蓝黑超人"掠过的身影。

萨内蒂

国际米兰传奇巨星

JAVIER ZANETTI

代表国际米兰出场

858

代表国际米兰进球

21

国际米兰经典组合 / 德国三驾马车

马特乌斯 + 克林斯曼 + 布雷默

　　安德烈亚斯·布雷默在后场一夫当关，洛塔尔·马特乌斯在中场指点江山，尤尔根·克林斯曼在前场摧城拔寨，他们均来自同一个地方，却最终又在另一个地方聚首逐梦。这就是20世纪80年代末90年代初，德国"三驾马车"的故事。

　　1988年，"金牌教练"乔瓦尼·特拉帕托尼购入两位来自德甲拜仁的王牌球员布雷默和马特乌斯。1988/1989赛季，球队以26胜6平2负，创下意甲联赛夺冠最高积分纪录（58分）。1989年夏天，克林斯曼追随两位老乡的脚步，从斯图加特来到国际米兰，德国"三驾马车"正式组建完毕。

　　三位正值职业生涯巅峰期的德国球员，彼此之间默契十足，且各自在所处位置上都具有世界顶尖的水准。在德意志"三驾马车"的驱动下，"蓝黑军团"成为那个年代意大利人人畏惧的豪门劲旅。1990/1991赛季，"三驾马车"率领的国际米兰在欧洲联盟杯决赛中以2比1击败罗马成功问鼎，拿下了三人合作期间分量最重的大赛冠军。

　　1992年夏天，"三驾马车"同时宣告离队，从1989年，他们通力合作了3个赛季，不仅为"蓝黑军团"带回了久违的洲际冠军，更写下了波澜壮阔的传奇史诗。在AC米兰称霸天下的那段岁月，"德国三驾马车"与"荷兰三剑客"的交相辉映，写就了那个年代永恒的经典篇章。

国际米兰经典组合 / 蓝黑攻击线
罗纳尔多 + 巴乔 + 维埃里

20世纪末21世纪初的世纪之交，"蓝黑军团"云集了世界上三大顶尖前锋：罗纳尔多、克里斯蒂安·维埃里和罗伯托·巴乔。而且在他们周围还有萨莫拉诺、阿尔瓦罗·雷科巴和穆图三位实力派，豪华的"蓝黑攻击线"在组建之初让无数人为之艳美。

1999年，维埃里以当时创纪录的5000万美元的身价从拉齐奥转会至国米，与"外星人"罗纳尔多、巴乔组成令人美慕的"蓝黑攻击线"，开始逐鹿亚平宁。只可惜，已是生涯幕年的巴乔与时任主教练里皮关系恶化，整个赛季鲜有出场。而罗纳尔多则饱受伤病困扰，仅出战7场打进3球。维埃里则在25场比赛中，收获18粒进球。

事实上，豪华的"蓝黑攻击线"仅仅配对合作两个赛季。2000年，巴乔加盟布雷西亚，结束了短暂的蓝黑之旅。而罗纳尔多在三人聚首之后始终处于反复受伤的厄运之中，完全没有展现出"外星人"应有的风采。

国际米兰经典组合 / "帝王"组合
伊布拉希莫维奇 + 阿德里亚诺

兹拉坦·伊布拉希莫维奇身高1.95米，阿德里亚诺身高1.89米，仅从身材上看，这对组合就足以令对手吓破胆。更何况他们并非只是身体条件出众，脚法和射术同样独步江湖。

2006年，从尤文图斯转会至国际米兰的伊布正值职业生涯巅峰，而阿德里亚诺则贵为当时巴西四大神锋之一，是"蓝衣军团"首席射手。两位才华横溢的超级前锋聚首，让彼时的蓝黑球迷心生无限遐想，而他们有一个霸气的称号——"帝王组合"。不过，"帝王"组合并没有如愿"登基"。

2006年世界杯上表现低迷的阿德里亚诺，在重回意甲之后状态继续一落千丈。这位从巴西贫民窟走出的天才，在生涯抵达巅峰之后便开始纵情酒色，并在父亲去世之后受到严重的心理打击。2006/2007赛季，阿德里亚诺在23场联赛中只入5球。球队虽然顺利卫冕联赛冠军，但表现低迷的阿德里亚诺就此开始淡出球迷视野。

2008年，阿德里亚诺被外租，"帝王组合"仅合作一年便宣告瓦解。球迷们并没有等到两位天之骄子联手大杀四方的场景出现，多年后，伊布在接受《Sport Bible》采访时表示："阿德是我合作过的最强搭档，可惜他的职业生涯太过短暂。"

门将 / GK
沃尔特·曾加

曾加是意大利20世纪80年代最好的门将之一，他为国际米兰效力了12个赛季。曾加几乎无懈可击，他至今还保持着世界杯历史最长时间零封纪录（517分钟）。

国际米兰历史
最佳11人阵容

国际米兰历史大腕云集，尤其是20世纪90年代莫拉蒂入主以后，外籍巨星不断涌现。从萨莫拉诺到德约卡夫，罗纳尔多到和伊布拉希莫维奇等，国际米兰就如其名一样，成为一支国际纵队。

左后卫 / DL
贾琴托·法切蒂

法切蒂是"大国际时代"的核心球员，也被认为是意大利防守体系的开创者。他为球队出场634场，打进75球。带领球队赢得4届意甲联赛冠军，2届欧冠冠军。

中后卫 / DC
吉乌塞普·贝尔戈米

从1980年到1999年，贝尔戈米的整整20载职业生涯都在"蓝黑军团"度过，他为国际米兰出场756场，已成为忠诚的化身。作为全能型后卫，贝尔戈米的防守也是世界顶级。

中后卫 / DC
朱塞佩·巴雷西

朱塞佩·巴雷西和哥哥佛朗哥·巴雷西都是米兰城的传奇人物。从1976年至1992年，朱塞佩为球队出场560场，打进13球。以顽强著称的他有着出色的阅读比赛能力。

右后卫 / DR
哈维尔·萨内蒂

萨内蒂是国际米兰的图腾，从1995年到2014年，他出场858场，是球队出场最多的球员。无论在幽暗的低谷，还是辉煌的"三冠王"时代，他一直都是球队领袖。

左前卫 / ML
桑德罗·马佐拉

"艺术之子"马佐拉脚法细腻，盘带技术出色，被誉为意大利足球史上最好的技术型中场之一。他的17载职业生涯全部在国际米兰度过，出场568场，打进161球。

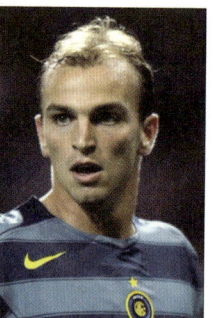

后腰 / DM
埃斯特班·坎比亚索

坐镇中场的坎比亚索睿智而稳健，在攻防两端都能完美调度。欧冠联赛淘汰赛首轮对阵巴萨，他与萨内蒂曾联袂成功冻结梅西，为缔造国际米兰的"三冠王朝"立下赫赫战功。

右前卫 / MR
路易斯·苏亚雷斯

苏亚雷斯是国际米兰历史最优秀的外籍球员之一，还是20世纪60年代身价最高的球员。他在国际米兰效力9个赛季，共出场333场打进55球，是"大国际"时代的绝对主力。

前锋 / ST
罗纳尔多

罗纳尔多在国际米兰效力5年，留下无数经典。"钟摆式"过人就辉煌也留下伤伤隐患。如果不是伤病，罗纳尔多绝不仅仅留下59粒进球以及不足百场（出场99场）的出场时间。

中锋 / CF
朱塞佩·梅阿查

绰号"il Balilla"的梅阿查堪称上古球王，是20世纪30年代意大利最好的射手。效力国际米兰14个赛季，在408场比赛里打进284球，3次荣膺意甲联赛最佳射手。

前锋 / ST
安东尼奥·安杰利洛

虽然安杰利洛只为国际米兰效力了4个赛季，但颇为高效。他出场127场，打进77球，场上表现优异的他却因场外的是非而被放逐。安杰利洛曾入选国际米兰百年最佳阵容。

阵形 4-3-3

罗纳尔多　朱塞佩·梅阿查　安东尼奥·安杰利洛

桑德罗·马佐拉　路易斯·苏亚雷斯

埃斯特班·坎比亚索

贾琴托·法切蒂　吉乌塞普·贝尔戈米　朱塞佩·巴雷西　哈维尔·萨内蒂

沃尔特·曾加

● 1960—1968 年、1973—1974 年执教国际米兰366 场 205 胜 93 平 68 负

国际米兰最佳教练

埃伦尼奥·埃雷拉

埃雷拉善于心理战，被认为是20世纪60年代的穆里尼奥，他为国际米兰量身定制了"532"防守反击阵形，让国际米兰称霸欧冠，缔造足球历史上光芒万丈的"大国际"时代。他的链式防守甚至影响了意大利的足球风格。埃雷拉阵形中有着强大的反击空间，他麾下的球员、即使是边后卫，也能够在瞬间全力推进反击。

WINNE
UEFA CHAMPIONS LEA 2007

红黑军团
AC米兰
ASSOCIAZIONE CALCIO MILAN S.P.A

"红色是魔鬼的颜色，而黑色则让人恐惧"当赫伯特·吉尔平选择以红黑色作为 AC 米兰的队服时，恐怕也没料到，他亲手创建的"红黑魔鬼"在世界足坛会是如此特殊的存在。

120 年的风雨历程，AC 米兰曾登上顶峰，也坠入谷底。回望过去，罗科、里维拉、巴雷西、马尔蒂尼家族、荷兰三剑客、贝卢斯科尼、萨基、卡佩罗、安切洛蒂、舍甫琴科、卡卡，还有那熠熠生辉的 7 座欧冠奖杯，数不清的人和事都在提醒我们，米兰之于足球，是怎样特殊的存在。

1899 年 12 月 6 日，当米兰的招牌第一次面向世人时，还叫作"米兰板球和足球俱乐部"。仅仅过了两年，米兰足球队就拿到意甲联赛冠军，自此拉开王朝的序幕。

随着足球的影响力不断扩大，1905 年，俱乐部正式更名为"米兰足球俱乐部"，即中国球迷熟知的 AC 米兰。随后，球队历经百年风雨，AC 米兰终成为最伟大的足球俱乐部之一。

或许是新名字带来了新气象，改名后的第二年，米兰再次获得意甲联赛冠军，并在 1907 年成功卫冕。但踌躇满志的米兰没能等来一个王朝时代，反而遭遇了一次剧变。

1908 年，米兰队内的一些意大利和瑞士籍球员因球队过于英国化不满，愤而离队并自发组建了国际米兰足球俱乐部。随后百年，国际米兰也成为世界足坛的顶级豪门，而米兰和国米之间的"米兰德比"，则成为世界足坛最为经典的同城德比之一。

或许是分裂带来的影响，此后的数十年米兰并未取得十分优异的成绩，而两次世界

AC 米兰欧冠冠军榜

冠军数	夺冠赛季
7次	1962/1963、1968/1969、1988/1989、1989/1990、1993/1994、2002/1903、2006/2007

AC 米兰意甲联赛冠军榜

冠军数	夺冠赛季（年份）
18次	1901、1906、1907、1950/1951、1954/1955、1956/1957、1958/1959、1961/1962、1967/1968、1978/1979、1987/1988、1991/1992、1992/1993、1993/1994、1995/1996、1998/1999、2003/2004、2010/2011

AC 米兰历史总出场榜

球员	位置	总出场
保罗·马尔蒂尼	后卫	902场
佛朗哥·巴雷西	后卫	719场
亚历山德罗·科斯塔库塔	后卫	663场
吉亚尼·里维拉	中场	658场
毛罗·塔索蒂	后卫	583场
马西莫·安布罗西尼	中场	489场
格纳罗·伊万·加图索	中场	468场
克拉伦斯·西多夫	中场	432场
安杰洛·安奎莱蒂	后卫	418场
塞萨尔·马尔蒂尼	后卫	412场

AC 米兰历史总射手榜

球员	国籍	总进球
冈纳尔·诺达尔	瑞典	221球
安德烈·舍甫琴科	乌克兰	175球
詹尼·里维拉	意大利	164球
何塞·阿尔塔菲尼	巴西	161球
阿尔多·波菲	意大利	136球
菲利波·因扎吉	意大利	126球
马可·范巴斯滕	荷兰	125球
朱塞佩·桑塔戈斯蒂诺	意大利	107球
卡卡	巴西	104球
皮耶里诺·普拉蒂	意大利	102球

AC米兰荣誉榜

07 七届欧冠联赛冠军

02 两届欧洲优胜者杯冠军

05 五届欧洲超级杯冠军

18 十八届意甲联赛冠军

05 五届意大利杯冠军

07 七届意大利超级杯冠军

03 三届洲际杯冠军

01 一届世俱杯冠军

＋ 特别链接：58 场不败纪录

1990/1991赛季意甲联赛第34轮至1992/1993赛季意甲联赛第23轮，AC米兰创造史无前例的58场联赛不败纪录。从1991年5月26日，主场0比0战平帕尔马开始，到1993年3月14日，客场以2比2战平拉齐奥为止。这一纪录在欧洲名列第三。在1993年3月21日，主场对阵帕尔马，被法斯蒂诺·阿斯普里拉打进致胜任意球，以0比1败北。

圣西罗球场

1925 年，由当时 AC 米兰主席皮耶罗·皮雷利所筹建并拥有圣西罗球场。球场是由 4 个典型的英式支柱构造，当时可容纳 35000 位观众。

1947 年，国际米兰首次将这里作为主场比赛。此后，圣西罗球场成为两支米兰队共用的主场。虽然在 1980 年，体育场已被更名为塞佩·梅阿查球场，但 AC 米兰球迷依然习惯称其为圣西罗球场。

大战，又让足球陷入停滞。

"二战"结束后，意甲联赛重启，1947 年，为了提升联赛质量，意大利足协重新开放了外援政策，借此东风，米兰开启了自己的超级巨星时代。

1949 年初，瑞典超级前锋冈纳·诺达尔加盟米兰，立刻就用 15 场进 16 球的恐怖表现征服了亚平宁半岛。赛季结束后，米兰又引进了冈纳·格伦和尼尔斯·利德霍尔姆，组建了威名赫赫的"瑞典三驾马车"。超级巨星的效果立竿见影，1950/1951 赛季，AC 米兰重夺意甲联赛冠军，诺达尔狂进 34 球，成为所有后卫的噩梦。虽然格伦在 1952/1953 赛季结束后离队，但并未影响米兰的成绩。

AC 米兰又在 1954/1955 赛季、1956/1957 赛季和 1958/1959 赛季中登顶意甲。诺达尔最终成为米兰队史最佳射手，而利德霍尔姆则是米兰队史第一名外籍队长。

在整个 20 世纪 50 年代，除了"瑞典三驾马车"车外，还有一个人的加盟也影响着米兰未来几年甚至几十年的历史轨迹，那就是 1954 年加盟的塞萨尔·马尔蒂尼，后来大家都称他为老马尔蒂尼。

作为中后卫，彼时年仅 22 岁的马尔蒂尼立刻成为中流砥柱，并在 20 世纪 50 年代帮助 AC 米兰三夺意甲联赛冠军。但随着连续两个赛季颗粒无收，胸怀大志的米兰管理层选择了换帅，被视为"链式防守之父"的内奥雷·罗科入主球队。与此同时，还用 18.2 万美元引进年仅 16 岁的"金童"吉亚尼·里维拉。

罗科在 AC 米兰的执教经历可以说是梦幻般的，执教第一年就带领 AC 米兰重夺旁

落两年的意甲联赛冠军。而在接下来的 1962/1963 赛季，虽然联赛仅名列第三，但罗科麾下的 AC 米兰凭借出众的防守一路过关斩将最终闯进欧洲冠军杯的决赛。

1963 年 5 月 22 日，欧洲冠军杯决赛在温布利大球场展开，AC 米兰击败本菲卡，首次捧起欧洲冠军杯，这也是意大利球队的首座欧洲冠军杯。

随着罗科的急流勇退，AC 米兰陷入一阵低迷期，接下来四个赛季仅夺得一个意大利杯冠军。

昔日的功勋队长利德霍尔姆回归执掌教鞭，并率领 AC 米兰在 1967/1968 赛季重夺意甲联赛冠军，又在 1968/1969 赛季拿到了队史第二座欧冠奖杯。虽然"红黑军团"出现过短暂辉煌，但还是摆脱不了此后 10 年沉寂的宿命。

1978 年，AC 米兰终于等来了希望，年仅 18 岁的弗朗哥·巴雷西成为球队主力，帮助 AC 米兰在 1978/1979 赛季重夺意甲冠军，这是 AC 米兰的第十个联赛冠军。自此，球

队队徽绣上一颗象征十冠荣耀的金星。

然而，随着里维拉的退役，AC 米兰又经历两次降级和财政危机等黑暗时期，蹉跎了近 10 年。

无论面临何等困境，巴雷西都坚守在 AC 米兰，拒绝了所有的重金相邀，诠释着忠诚的含义。此时在他身边，还有一个年仅 16 岁的英俊少年正在茁壮成长，他叫保罗·马尔蒂尼，是老马尔蒂尼的儿子，一名青出于蓝的忠诚卫士。

1986 年，当时的传媒大亨西尔维奥·贝卢斯科尼收购 AC 米兰，"红黑军团"也迎来了一段长达 20 余年的王朝盛世。

贝卢斯科尼挥舞着手中的支票，达尼埃莱·马

萨罗和罗伯托·多纳多尼等球星纷纷加盟，但其中最有震撼力的无疑是马尔科·范巴斯滕、路德·古利特和弗兰克·里杰卡尔德齐聚米兰城，从此，"荷兰三剑客"就成为"米兰王朝"的图腾，也是亚平宁"小世界杯"赛场上盛世最为炫目的那道高光。

仅短短两年，之前气势低迷的 AC 米兰俱乐部就变得星光熠熠。同时，贝卢斯科尼慧眼识珠将教鞭交给名不见经传的阿里戈·萨基，为王朝开启找到了最好的领路人。

1987/1988 赛季，AC 米兰以 3 分的优势力压"球王"马拉多纳领衔的那不勒斯，时隔 9 年重夺意甲联赛冠军。

接下来的 1988/1989 赛季，AC 米兰称霸欧洲，拿下队史第三座欧洲冠军杯。随后又接连拿下欧洲超级杯和丰田杯。

更不可思议的是，接下来的 1989/1990 赛季，AC 米兰成功卫冕欧冠、欧洲超级杯和丰田杯。

光芒万丈的"米兰王朝"令世人震惊，而那句

"红色是魔鬼的颜色，而黑色则让人恐惧"成为当时 AC 米兰这支"红黑色魔鬼"的真实写照。

当法比奥·卡佩罗在 1991/1992 赛季走马上任后，减少了萨基时代疯狂造越位的战术，让防守更加稳固。米兰立刻以不败战绩重夺联赛冠军，并一鼓作气将联赛不败的纪录

扩大到 58 场。

卡佩罗时期，AC 米兰在 5 年间拿下 4 座意甲联赛冠军。在 1993/1994 赛季的欧冠决赛中，缺少巴雷西和科斯塔库塔两位后方"大闸"的 AC 米兰，以 4 比 0 痛击巴萨"梦一队"，拿下队史第 5 座欧冠冠军奖杯。

再伟大的王朝也有

落幕的一天，随着卡佩罗的离任和巴雷西的退役，盛世王朝也将终结。虽然也有在1998/1999赛季再夺意甲冠军联赛的荣耀；也有以6比0血洗国际米兰的壮举，但总体依旧不温不火。直到2001/2002赛季，曾经的米兰功勋球员卡尔洛·安切洛蒂执掌教鞭。

虽然安切洛蒂时代的AC米兰仅得到过1次意甲联赛冠军，但在欧冠赛场，AC米兰战绩无比辉煌，创下五年三次进决赛、两次捧杯的壮举，缔造了一个王朝盛世。

安切洛蒂施展妙笔，创造性地将安德烈亚·皮尔洛后移，这招"前腰后置"不仅让皮尔洛走上职业生涯的巅峰，更影响意大利足坛长达十数年的格局。AC米兰以此祭出四个"10号"的"圣诞树"阵形，成为球迷当年津津乐道的话题。

2003年5月29日，老特拉福德球场，欧冠决赛，"核弹头"安德烈·舍甫琴科罚进制胜点球，帮助AC米兰以3比2击败尤文图斯，第六次捧起欧冠奖杯。

2005年的伊斯坦布尔之夜成就了利物浦的逆转，也给AC米兰这个欧洲的王者埋下了复仇的引信。2007年，在雅典奥林匹克体育场，AC米兰面对两年前抢走皇冠的利物浦，因扎吉梅开二度，帮助"红黑军团"以2比1击败对手，实现了完美复仇。

虽然舍甫琴科已远走，但凭借菲利波·因扎吉两粒进球，AC米兰还是2比1击败对手，第7次登上欧洲之巅。此后，AC米兰又夺得欧洲超级杯、世俱杯冠军，成就了史诗级的2007年。那一年，风华正茂的卡卡独揽世界足球先生与欧洲金球奖，走上荣耀之巅。

2009年，马尔蒂尼功成身退。自此，这位AC米兰乃至意大利最好的左后卫，告别了驰骋25年的圣西罗球场，长达1/4世纪的坚守，让他那伟岸的背影早已成为每一位米兰球迷心中的永恒丰碑。

随着贝卢斯科尼的财政恶化、马尔蒂尼的退役和卡卡的转会，AC米兰日渐衰落，又一次进入低谷期。2010/2011赛季的意甲冠军更像是告别仪式，皮尔洛、伊万·加图索、因扎吉、亚历山德罗·内斯塔和克拉伦斯·西多夫等一众"王朝时代"的股肱之臣或退役或转会，那支经典的AC米兰成为回忆。此后，球队近10年都陷入低谷，难现辉煌。

虽然AC米兰已经阔别欧冠赛场近10年，但球队的7座欧冠奖杯数依然仅次于皇马，可想而知，这支球队曾经的辉煌。

如今的AC米兰，依然要靠39岁的伊布去冲锋陷阵，这位老将勇猛依旧，时刻提醒身边年轻队友：身上这件球衣的红黑色，是令人望而生畏的魔鬼色彩！

曾经的米兰王朝渐行渐远，圣西罗球场的焰火会在未来再度绽放，"红黑军团"将会满载着荣耀凯旋……

代表 AC 米兰出场

902

代表 AC 米兰进球

33

马尔蒂尼

AC 米兰传奇巨星

PAOLO MALDINI

一人一城，一生一队。保罗·马尔蒂尼的身体里永远流动着红黑色的血液，他演绎了一出世界足坛无人可及的忠诚史诗。横跨 1980 年、1990 年和 2000 年三个时代，见证了"米兰王朝"的三代荣辱兴衰。无论前路有多坎坷，他就站在那里，永远与 AC 米兰在一起。

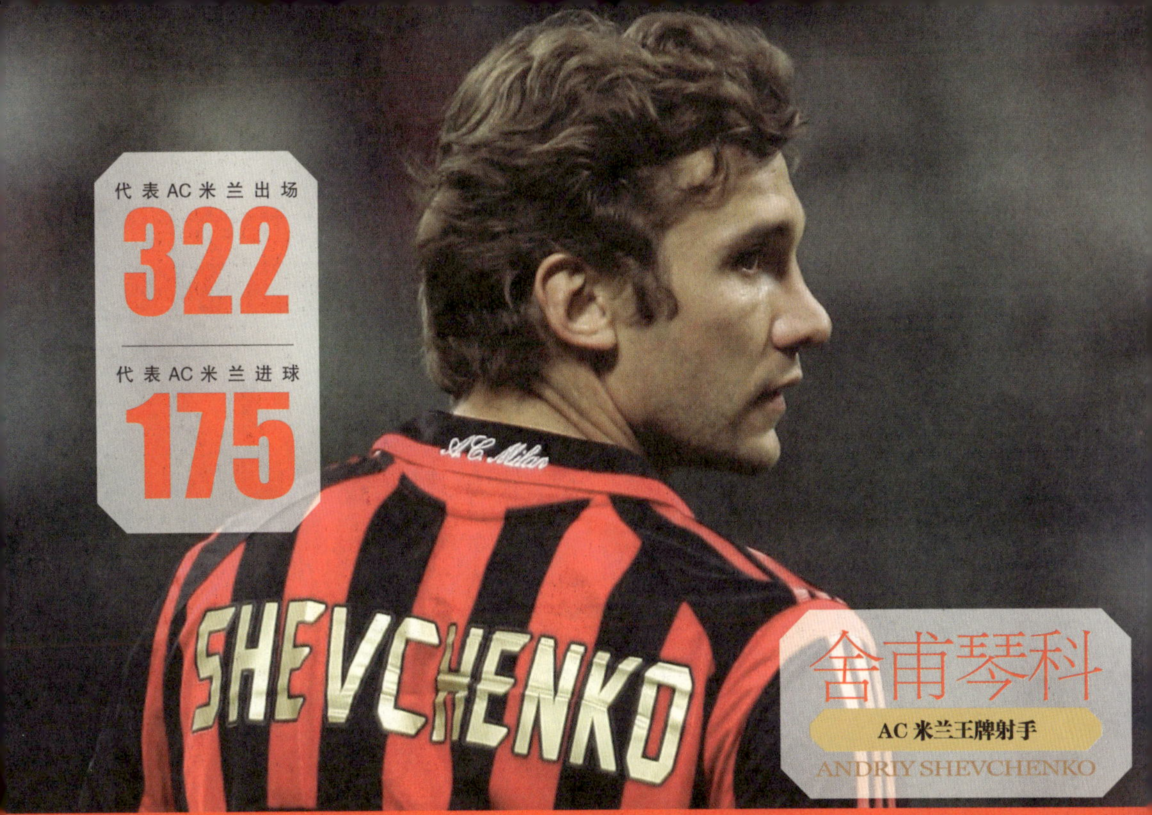

代表 AC 米兰出场

322

代表 AC 米兰进球

175

舍甫琴科

AC 米兰王牌射手

ANDRIY SHEVCHENKO

世界足坛只有一枚"核弹头",而他只属于 AC 米兰。舍甫琴科在加盟 AC 米兰的首个赛季就夺得意甲最佳射手,他将生涯的黄金年华都留在圣西罗球场。两座欧冠奖杯、一个欧洲金球奖、七载红黑岁月、175 粒进球,舍甫琴科成为 AC 米兰射手的标杆。

当最好的卡卡遇到最好的米兰,便书写了一段唯美的王子童话。他优雅奔袭、华丽闪击,率领 AC 米兰登顶欧冠。加冕世界足球先生的卡卡,让 C 罗、梅西成为陪衬。巅峰时的卡卡在圣西罗球场极致绽放,一并绽放的还有那一抹温暖岁月的纯真容颜。

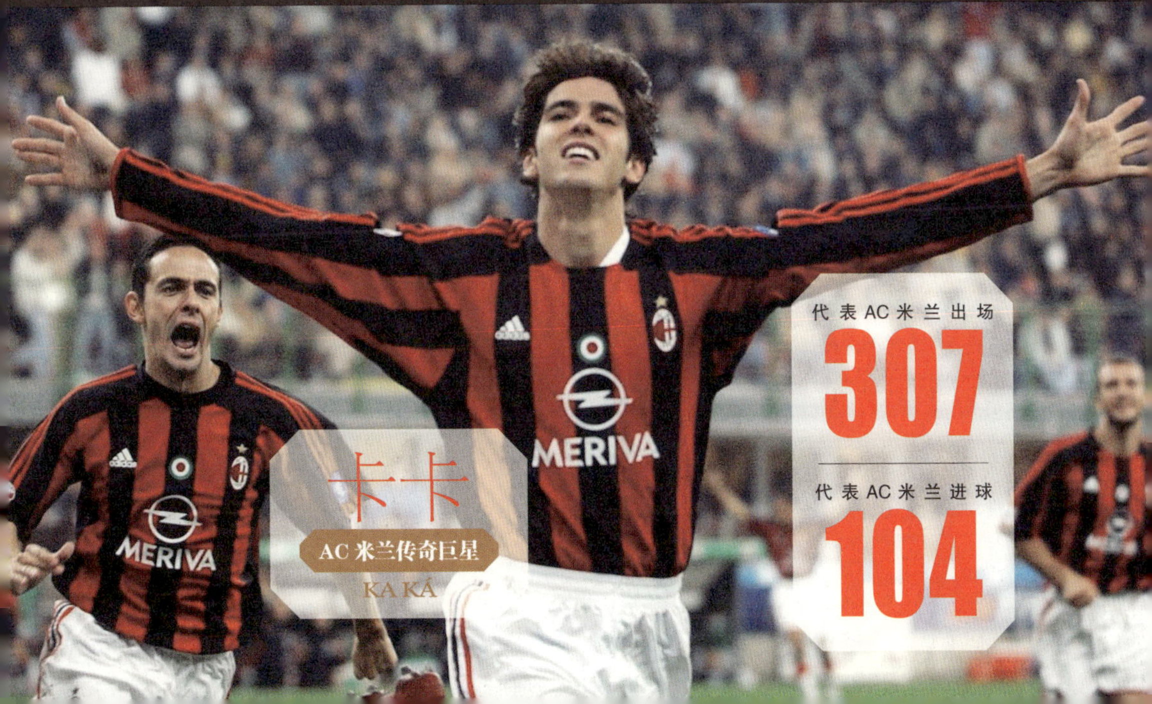

卡卡

AC 米兰传奇巨星

KA KÁ

代表 AC 米兰出场

307

代表 AC 米兰进球

104

AC 米兰经典组合 / 荷兰三剑客

里杰卡尔德 + 范巴斯滕 + 古利特

你能想象到的球星组合的完美极限是什么样子的？答案就是——荷兰"三剑客"。

在 20 世纪 80 年代末至 90 年代初，弗兰克·里杰卡尔德、路德·古利特和马尔科·范巴斯滕组成的"荷兰三剑客"，三位荷兰球员在圣西罗球场构建了世界足坛令人称叹的"红黑王朝"。

1988 年里杰卡尔德加盟 AC 米兰开始，他秉承荷兰全攻全守的打法精华，是完美的中场组织者和多面手，而他的球风一如自己的绰号"黑天鹅"一样优雅。

"辫帅"古利特有着绿茵场上的摇滚者特质，他身体天赋出众、造型炫酷张扬、身手全面彪悍，是 AC 米兰中前场的指挥官。作为现代派足球的代表人物，古利特那如雄狮般身影令人震撼。

范巴斯滕则是横扫千军的锋线至尊，拥有诗人般灵感的天才射手，他球风潇洒飘逸，更有着非凡的创造力，是"足球皇帝"贝肯鲍尔口中的"世界上最完美的球员"。

在"三剑客"治下的 AC 米兰，在 5 年时间里共拿到 3 届意甲联赛冠军、2 届丰田杯冠军以及连续两届欧洲冠军杯冠军。在 1992/1993 赛季中，他们更创造 58 场不败的欧洲五大联赛最长不败纪录，至今无人可破。

与其他三人组不同，荷兰"三剑客"不仅拥有傲人的团队战绩，更踢出了令人赏心悦目的华丽足球。在合作的 5 年时间里，他们配合默契，荣辱与共，为世界足坛书写了一段津津乐道的传奇佳话。

AC 米兰经典组合 / 三箭头

巴乔 + 维阿 + 萨维切维奇

1995 年，29 岁的利比里亚前锋乔治·维阿从巴黎圣日耳曼转会 AC 米兰，与此同时，"忧郁王子"罗伯托·巴乔也从尤文图斯加盟"红黑军团"。就此，AC 米兰组成当时威震意甲的前场"三箭头"：巴乔、维阿和德扬·萨维切维奇。

"三箭头"合作的第一个赛季，"红黑军团"便势如破竹夺，重新回意甲联赛冠军。在那个赛季中，维阿攻入 13 球，巴乔贡献 7 球，萨维切维奇则有 6 球入账。其中凭借着 1995 年在法甲联赛和意甲联赛的出色表现，维阿更是将欧洲金球奖和世界足球先生揽入囊中，成为迄今为止唯一一位登上国际足坛个人荣誉巅峰的非洲球员。

米兰"三箭头"的组合，在彼时的意甲赛场上威风八面，只可惜好景不长。1997 年，罗伯托·巴乔转会博洛尼亚，结束了自己仅两年的"红黑生涯"。名噪一时的"三箭头"就此宣告解体。短短两个赛季的合作，一次意甲联赛冠军，这就是"三箭头"留给红黑球迷唯一的冠军记忆。

AC 米兰经典组合 / 王牌中场

皮尔洛 + 西多夫 + 科斯塔 + 卡卡

当一支球队拥有四大王牌 10 号球员，那会是怎样一种场面？2003 年，AC 米兰给出了答案：安德烈亚·皮尔洛、克拉伦斯·西多夫、鲁伊·科斯塔和卡卡，世界足坛最具才华的中场组合诞生。

2003 年，年轻的巴西天才卡卡加盟球队，米兰才凑齐了心仪的王牌中场。

皮尔洛是名扬天下的中场节拍器，是安切洛蒂经典 4 位 10 号阵形的核心人物；西多夫有着中场润滑剂的美誉，攻守俱佳，更有一脚远射绝活；科斯塔则是古典前腰，他在中前场的组织调度和穿针引线，是"红黑军团"的指挥官；而卡卡以超强的速度和终结能力，为米兰一锤定音。

"王牌中场"合作的第一个赛季，便率队登顶意甲，夺回联赛冠军。2005 年，球队一路高歌，挺进欧冠联赛决赛，可惜最终饮恨伊斯坦布尔。2006 年，随着科斯塔的离去，"王牌中场"组合就此退出历史舞台。在合作的三个赛季里，4 位 10 号球员精诚合作、携手为世界足坛奉献了教科书般的经典中场阵形，并率领 AC 米兰夺得 1 次意甲联赛冠军和 1 次意大利杯冠军。

**AC 米兰历史
最佳 11 人阵容**

在 20 世纪 80 年代中期，贝卢斯科尼入主 AC 米兰之后，这支球队迅速成为欧洲顶级豪强。从著名的"荷兰三剑客"到后防线四大"传奇铁闸"，再到"圣诞树"阵形的"黄金中场"AC 米兰各个位置都不乏传奇球星。

**门将 / GK
塞巴斯蒂亚诺·罗西**

罗西从 1990 年加盟 AC 米兰，就成为 20 世纪 90 年代 AC 米兰王朝时期的主力门将，随队夺得 5 届意甲冠军、缔造了 58 场不败神话，并创造了意甲联赛 929 分钟不失球纪录。

**中后卫 / DC
保罗·马尔蒂尼**

在长达 1/4 世纪的岁月里，"红黑军团"的后场都有马尔蒂尼如风的身影，他为球队效力 25 个赛季，出场 902 场。马尔蒂尼已成为 AC 米兰的战旗，他是圣罗西的信仰。

**清道夫 / SW
弗朗哥·巴雷西**

巴雷西是最伟大的清道夫之一，从 1978 年到 1997 年，巴雷西宛如定海神针般矗立在 AC 米兰的后场。至今球迷回忆起"米兰王朝"，总会想起巴雷西那清瘦而又硬朗的身影。

**中后卫 / DC
亚历山德罗·内斯塔**

俊逸非凡的内斯塔是近 20 年意大利最好的中后卫，也曾被誉为"世界第一中卫"。他善于预判、抢断精准。在马尔蒂尼退役的几年中，内斯塔几乎独力撑起 AC 米兰的防线。

**中前卫 / MC
吉亚尼·里维拉**

在 AC 米兰百年历史中，很多球星只是烟云过客，而里维拉却是永恒的。他效力 AC 米兰 19 个赛季，是 20 世纪 60 年代 AC 米兰足球风格的代表人物之一，率队实现荣誉大满贯。

**后腰 / DM
安德烈亚·皮尔洛**

睡眼惺忪却暗含杀机，闲庭信步却一传破敌，皮尔洛的存在改变了后腰只负责防守的局限性。效力 AC 米兰 10 个赛季，随队夺得 2 届意甲联赛冠军、2 届欧冠冠军。

**中前卫 / MC
伊万·加图索**

凶悍、坚韧，加图索是典型的斗士，或者"屠夫"。防守中，他能像牛皮糖缠牛。正是有他的防守屏障，才使得皮尔洛、卡卡和西多夫这些技术型中场得以随意去发挥进攻。

前腰 / AMC
卡卡

卡卡是非典型巴西球员，不花哨，但简洁实用。当那位如玉少年疾风般掠过圣罗西球场时，世界都为之惊叹。最好的卡卡留在这里，这位优雅王子曾率领AC米兰登上欧洲之巅。

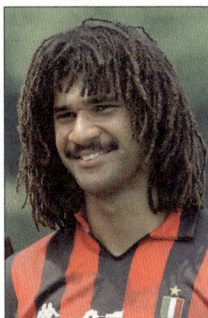

前腰 / AMC
路德·古利特

作为"荷兰三剑客"之一，古利特是全能型的中场大师，也是现代派足球的代表。他率领AC米兰在意甲赛场曾力压马拉多纳领军的那不勒斯，获得联赛冠军，从此登上巅峰。

前锋 / ST
安德烈·舍甫琴科

"核弹头"的绰号足以说明舍甫琴科的杀伤力，他的技术与速度均为顶级，且左右脚均能射门，反越位更是一绝，头球和抢点都炉火纯青。舍甫琴科为AC米兰效力7个巅峰赛季。

前锋 / ST
菲利波·因扎吉

虽然身体和速度都不占优势，但因扎吉凭借飘忽的跑位、高超的球商、敏锐的嗅觉，总能在门前觅得良机，然后将球轻推入网。他是一剑封喉的杀手，绝非招数繁复的剑客。

安德烈·舍甫琴科　菲利波·因扎吉

卡卡　　　路德·古利特

吉亚尼·里维拉　　格纳罗·伊万·加图索

安德烈亚·皮尔洛

保罗·马尔蒂尼　菲朗哥·巴雷西　亚历山德罗·内斯塔

塞巴斯蒂亚诺·罗西

阵形 3-5-2

● 1987—1991 年、1996—1997 年执教

AC 米兰 220 场 113 胜 69 平 38 负

AC米兰最佳教练
阿里戈·萨基

虽然是鞋匠出身，但萨基让意大利的链式防守升级至钢筋混凝土般的防守。他将阵形的防线大幅提前，从传统盯人防守，改变成区域防守，并加快节奏，力求把对手压制在对方半场，他是高位逼抢战术的初创者。

萨基曾率领AC米兰创造58场不败神话，他的战术风格深深影响了当今足坛，克洛普就是其忠实的追随者。

德甲联赛
Bundesliga

拜仁慕尼黑 / 多特蒙德

两　大　豪　门

BUNDESLIGA

德国甲级联赛
日耳曼人的足球盛宴

德国足球甲级联赛，简称德甲，是德国最高级别的足球联赛，由德国足协于 1962 年 7 月 28 日创立。

德甲联赛共有 18 支球队参赛，拜仁共获得 29 次德甲联赛冠军，并豪取德甲八连冠，是德甲毫无争议的霸主。德甲球风彪悍、大开大合、对抗激烈。以拜仁与多特蒙德为首的德甲球队在欧冠赛场成绩斐然，尤其是 2019/2020 赛季，拜仁以 11 战全胜的战绩夺冠，成为欧洲足坛不可撼动的王者。

〈德甲 18 强名单：2020/2021 赛季〉

奥格斯堡	勒沃库森	拜仁慕尼黑	多特蒙德
门兴格拉德巴赫	法兰克福	斯图加特	弗赖堡
比勒费尔德	柏林赫塔	霍芬海姆	美因茨
科隆	莱比锡红牛	沙尔克 04	柏林联
云达不来梅	沃尔夫斯堡		

〈国家德比：拜仁 VS 多特蒙德〉

拜仁和多特蒙德无疑是德国最好的两支足球俱乐部，因此他们之间的较量总被认为是德甲联赛的冠军争夺战。

从 20 世纪 90 年代开始，随着多特蒙德蝉联两届德甲冠军，并登顶欧冠，已经撼动拜仁在德甲的霸主地位，这令拜仁倍感威胁，他们挖走了当时的多特蒙德主帅希斯菲尔德，从此结下恩怨。此后二十多年，拜仁不断从"大黄蜂"挖走主力球星，使得双方恩怨不断加深。

德甲联赛冠军榜（21世纪）	
冠军球队	赛季
拜仁慕尼黑	2000/2001
多特蒙德	2001/2002
拜仁慕尼黑	2002/2003
不来梅	2003/2004
拜仁慕尼黑	2004/2005
拜仁慕尼黑	2005/2006
斯图加特	2006/2007
拜仁慕尼黑	2007/2008
沃尔夫斯堡	2008/2009
拜仁慕尼黑	2009/2010
多特蒙德	2010/2011
多特蒙德	2011/2012
拜仁慕尼黑	2012/2013
拜仁慕尼黑	2013/2014
拜仁慕尼黑	2014/2015
拜仁慕尼黑	2015/2016
拜仁慕尼黑	2016/2017
拜仁慕尼黑	2017/2018
拜仁慕尼黑	2018/2019
拜仁慕尼黑	2019/2020

拜仁档案

● 拜仁慕尼黑足球俱乐部
● Fußball-Club Bayern München e.V
● 绰号：南部之星 / 绿茵好莱坞
● 所在地区：德国巴伐利亚州慕尼黑市
● 成立时间：1900 年 2 月 27 日
● 主场：慕尼黑安联球场
● 队歌：《永远的第一》
● 德比对手：多特蒙德（国家德比），
慕尼黑 1860（同城德比）、汉堡（南北德比）

南部之星

拜仁慕尼黑

BAYERN MÜNCHEN

德甲的发展史，就是拜仁的兴衰史。

作为德甲夺冠次数最多的球队，拜仁的霸主地位很难动摇。

30 届顶级联赛冠军、6 届欧冠冠军、两次"三冠王"，以 11 战全胜战绩捧得圣伯莱特杯，拜仁登上欧罗巴的峰巅。

"南部之星"宛如狂飙骤起的日耳曼旋风，横扫欧洲足坛。"Mia San Mia"（我们就是我们）作为拜仁的精神格言，它拥有着激情万丈、永不服输、不可战胜、力量无穷、永不孤独的含义。

"柔亦不如，刚亦不吐，不侮矜寡，不畏强御，唯仁者能之。"这就是"仁者无敌"的拜仁……

1900 年，来自 1879 慕尼黑体操和体育俱乐部足球队的 11 名成员，为了抵制他们所在的俱乐部加入刚成立的德国足协，一起"叛逃"出来，并在弗朗茨·约翰的领导下，创办了拜仁慕尼黑足球俱乐部。当时足球运动被认为是"英国病毒"，踢球的人被当作"麻风病人"，拜仁的创始人"不识时务"，自然也招来很多非议。

1932 年，拜仁在主教练理查德·科恩的率领下，夺得全国联赛冠军。然而声名鹊起的拜仁却深陷历史的纠葛。当时德国境内的犹太人饱受排挤。拜仁俱乐部主席库尔·兰道尔、主教练理查德·科恩、青训总监奥托·比尔和许多球迷都是犹太人。1933 年，德国足协宣布犹太人不能成为旗下会员或者俱乐部的成员。但拜仁却进行了长期抗争。

● "拜仁慕尼黑"在（除主标题外的）文章与标题中均简称"拜仁"。

慕尼黑安联球场

拜仁之前拥有两个球场，绿森林体育场（1925年至1972年）和奥林匹克体育场（1972年至2005年）。为迎接2006年德国世界杯开幕式，2002年10月21日开始建设新球场，它以充气ETFE塑料面板外观而闻名，是世界上第一个采用全彩外观的体育场，也是德国第二大球场。球场由拜仁慕尼黑和慕尼黑1860共用，2017年7月开始，拜仁成为此球场唯一的主人。

拜仁历史总出场榜

球员	位置	总出场
赛普·迈尔	门将	700场
奥利弗·卡恩	门将	632场
盖德·穆勒	前锋	605场
弗朗茨·贝肯鲍尔	后卫	584场
托马斯·穆勒	前腰	566场
格奥尔格·施瓦岑贝克	后卫	554场
克劳斯·奥根塔勒	后卫	545场
菲利普·拉姆	后卫	517场
伯恩·迪伦伯格	中场	505场
巴斯蒂安·施魏因施泰格	中场	500场

拜仁历史总射手榜

球员	国籍	总进球
盖德·穆勒	德国	564球
罗伯特·莱万多夫斯基	波兰	266球
海因茨·鲁梅尼格	德国	218球
雷纳·奥尔豪泽	德国	215球
托马斯·穆勒	德国	212球
罗兰德·沃尔法特	德国	155球
迪特·赫内斯	德国	145球
阿尔杰·罗本	德国	144球
吉奥瓦尼·埃尔伯	巴西	139球
迪特·布伦宁格	德国	132球

06

六届欧冠联赛冠军

01

一届欧洲联盟杯冠军

01

一届欧洲超级杯冠军

30

三十届顶级联赛冠军

20

二十届德国杯冠军

07

七届德国超级杯冠军

02

两届洲际杯冠军

01

一届世俱杯军

特别链接：全胜战绩夺欧冠

2019/2020赛季的拜仁在夺得欧冠联赛冠军之后，第二次加冕欧洲足坛"三冠王"，同时他们也成为欧冠有史以来首支以全胜战绩拿到欧冠冠军的球队。

回首拜仁的欧冠之路，可谓一路碾压对手：10比3大胜上届亚军热刺（双回合），7比1大胜切尔西（双回合），8比2狂屠巴萨。拜仁11场欧冠比赛，共打进43球，仅失8球。

拜仁欧冠冠军榜

冠军数	夺冠年份
6次	1973/1974、1974/1975、1975/1976、2000/2001、2012/2013、2019/2020

拜仁德甲冠军榜

冠军数	夺冠年份
30次	1932、1968/1969、1971/1972、1972/1973、1973/1974、1979/1980、1980/1981、1984/1985、1985/1986、1986/1987、1988/1989、1989/1990、1993/1994、1996/1997、1998/1999、1999/2000、2000/2001、2002/2003、2004/2005、2005/2006、2007/2008、2009/2010、2012/2013、2013/2014、2014/2015、2015/2016、2016/2017、2017/2018、2018/2019、2019/2020

● 注：1932年为德国全国锦标赛

1962 年，德甲联赛建立，德国足协将拜仁排除到德甲的名单之外。这样的打击并没有摧毁拜仁的斗志，两个赛季后，他们就成功冲上德甲，并且至今再未降级。

1966 年，弗朗茨·贝肯鲍尔、盖德·穆勒、塞普·迈尔和汉斯·施瓦岑贝克，四个年轻人成为拜仁最令人期待的青训天才。他们将拜仁带上德甲联赛的同时，更是为自己的职业生涯迈开了新的一步。1969 年，拜仁获得他们的第一座德甲联赛冠军。

1970 年，拜仁请来了乌多·拉特克作为新主帅。而拉特克也为拜仁带来两个只有 18 岁的年轻人，其中一位是有"非洲怪发"之称的保罗·布莱特纳，另一位则在后来以球员和管理员的身份，为拜仁服务了 49 年之久，他就是乌利·赫内斯。

在这一帮年轻人的带领下，拜仁直接完成蜕变，迅速崛起成为一支欧洲顶级豪门！他们在 1972 年至 1974 年的三年间，第一次完成德甲三连冠的荣誉。而 1974 年，更是以贝肯鲍尔为首的七名拜仁球员，时隔二十年后再一次帮助联邦德国队夺得世界杯冠军，并且在之后的 1974 年、1975 年和 1976 年里，"南部之星"的名字更是让欧洲足坛颤抖——他们历史性地完成了欧洲冠军杯三连冠的伟业！

在这之后，随着贝肯鲍尔等人的老去，赫内斯和鲁梅尼格逐渐成为拜仁新的领袖。1982 年，30 岁的赫内斯成为一次空难的唯一幸存者，伤愈归来的他告别球员生涯，成为拜仁总经理。然而，这位出色的总经理在上任之初不得不面临着入不敷出的尴尬局面。

不得已，赫内斯只能卖掉自己的好友——鲁梅尼格，国际米兰用震惊世界的 1100

万马克签下这位超级巨星，而这笔钱也让赫内斯开启了复兴之路。

年轻的洛塔尔·马特乌斯来到"南部之星"，成为拜仁复兴的基石。拜仁用德甲三连冠、德国杯双冠来恢复元气，但是在欧冠中接连输给阿斯顿维拉和波尔图，这让拜仁又一次进入了漫长的蛰伏期。

1987 年，约瑟夫·海因克斯成为拜仁新主帅，上任伊始就树立马特乌斯的核心地位。

进入 20 世纪 90 年代，随着德国队夺得世界杯以及两德统一大业的完成，德甲联赛迎来一个新时代。而拜仁作为德甲的龙头，也担负起振兴德国职业足球的责任。

开放而包容的德甲联赛，成为众多外籍球员们展现自己才华的舞台。让-皮埃尔·帕潘、布莱恩·劳德鲁普、比森特·利扎拉祖、吉奥瓦尼·埃尔伯和克劳迪奥·皮萨罗等一系列外籍球星的加盟，也让拜仁的星光逐渐璀璨。

在经历过 1999 年诺坎普奇迹之夜读秒阶段败给

"红魔"曼联之后，勇敢坚毅的拜仁决定亲手拿回自己丢失的一切。

这次的耻辱并没有让拜仁沉沦太久，2001 年，他们再次闯入欧冠决赛。

在欧冠决赛之前，拜仁在 2000/2001 赛季德甲联赛的末轮战，以帕特里克·安德森读秒破门的方式战胜汉堡，夺得德甲冠军，这一冠让拜仁的球员们信心大增。

在圣西罗球场，拜仁面对瓦伦西亚，开赛仅 3 分钟便失一球，之后斯特凡·埃芬博格扳平比分。

最终的点球大战中，凭借奥利弗·卡恩的高接低挡，拜仁以 5 比 4 击败瓦伦西亚，时隔 25 年，第 4 次登上欧洲之巅。

只是没想到，这次

欧冠联赛冠军仅仅是拜仁和德国足球的末日余晖。2002年韩日世界杯，成为老式"德国战车"的落日余晖，而全新的德国足球和拜仁正在等待浴火重生。

此后十年，拜仁经历了云达不来梅和沃尔夫斯堡的快速崛起；经历了以0比4输给泽尼特、以1比5输给沃尔夫斯堡这样的溃败，"南部之星"遭遇了长达十年的低谷期。

荷兰名帅路易斯·范加尔的到来，成为拜仁那束复兴的光。

2010年，拜仁迎来了阿尔杰·罗本与弗兰克·里贝里的"罗贝里"组合，迎来了托马斯·穆勒、霍尔格·巴德施图贝尔、马里奥·戈麦斯等德国新生代球员的崛起。

随着"罗贝里"的世界级连线和神兵伊维卡·奥利奇的超神发挥，拜仁不仅重新获得国内"双冠王"，还时隔9年再次回到欧冠联赛决赛的赛场上。

新一代的德国足球和拜仁都已经在新生代球员的萌芽中迎来了春风，尽管他们0比2输给了国际米兰，但全世界都看到了一支充满着无限希望和活力的拜仁。

然而，年轻的成长总要付出代价，现实总是那样残酷：2011/2012赛季的"三亚王"，让拜仁尴尬地成为足坛的"笑柄"，那是所有拜仁球迷都不愿回首的2012年，

2012年5月19日，拜仁在家门口安联球场举办的欧冠决赛中与冠军失之交臂。面对切尔西的"摆大巴"，拜仁久攻不下，直到83分钟才由托马斯·穆勒头球建功，87分钟德罗巴利用头球破门，帮助切尔西扳平比分。

加时赛第3分钟，罗本罚失点球，遗憾地失去取胜的最后良机。

最终拜仁在点球大战里输给切尔西。自此，拜

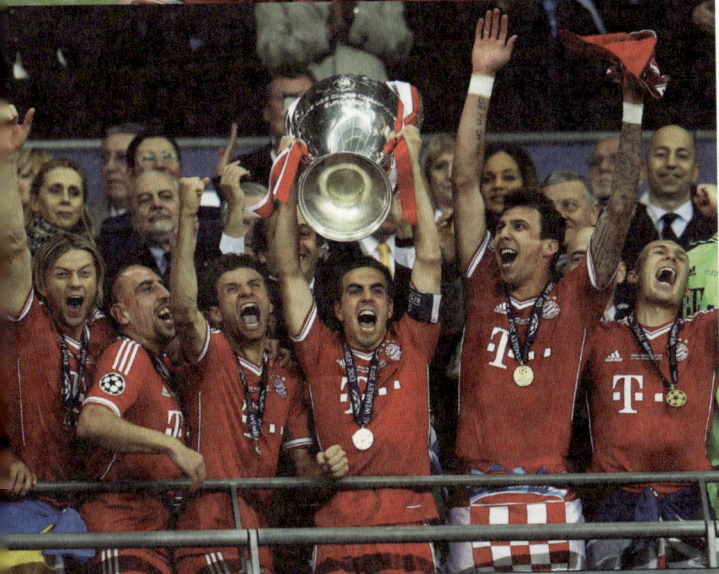

仁接连失去德甲、德国杯、欧冠三个冠军，罗本也因罚失欧冠决赛的点球而被口诛笔伐，直到2013年拜仁再次杀进欧冠决赛，罗本完成绝杀自我救赎后，才如释重负。

2012/2013赛季，马里奥·曼朱基奇和哈维·马丁内斯加盟拜仁。

海因克斯将"罗贝里"组合的战术开发到极致，甚至不惜牺牲掉进球如麻的中锋戈麦斯。

卷土重来的"南部之星"以摧枯拉朽之势横扫欧洲足坛：他们以4球大胜尤文图斯、7球屠杀"宇宙队"巴萨，并在欧冠决赛中，更是以2比1战胜了"国家德比"对手多特蒙德，夺得欧冠冠军。

自此，拜仁将德甲、德国杯、欧冠三个冠军奖杯悉数收入囊中，完成了队史首个"三冠王"。

2012/2013赛季，"南部之星"终于再次迎来了无比辉煌的巅峰期。从"三亚王"到"三冠王"，拜仁仅仅一年就华丽蜕变。

2013年夏天，瓜迪奥拉带着他那独特的传控足

球哲学来到拜仁。上任伊始，瓜帅就率领拜仁再接再厉，再夺欧洲超级杯、世俱杯冠军，2013 年末，拜仁成为"五冠王"，风头一时无两。

瓜迪奥拉一改德国足球长传冲吊、大开大合的力量派传统风格，将传控俱佳、细腻流畅的技术流风格植入拜仁阵中，"南部之星"全攻全守、控制中场、前场压迫，呈现更加丰富立体、更具统治力的现代足球进攻模式，并连续三个赛季都步入欧冠四强行列。

瓜帅不仅仅给"南部之星"带来技术革命，甚至让德国足坛都受益匪浅。2014 年，以拜仁球员为班底的德国队在巴西捧起了的大力神杯。

瓜帅率领拜仁连夺德甲冠军，但这只是常规操作，在欧冠赛场的苦无寸进，令瓜迪奥拉不得不辞去拜仁主帅一职。2016 年，在瓜迪奥拉离开后，"南部之星"经历过一段短暂的低谷期。卡尔洛·安切洛蒂和尼科·科瓦奇两位继任主教练都没有率领拜仁取得突破，虽然请回老帅海因克斯来重新出山，也只是一时权宜之策。

经历过一段阵痛期后，拜仁终于找到自己的"真命天子"——汉斯－迪特·弗里克，他曾是一名普通的拜仁球员，这位出身平平的教练善于与人沟通、给予信任、激发潜能。

2019 年 11 月 3 日，弗里克临阵授命，出任拜仁的"救火"主帅。

这位草根教练并非只有"心灵鸡汤"，他在沿袭瓜迪奥拉的传控足球的基础上，把阵型大幅度前压，强调连续压迫进攻。控制球权、确立优势、相互信任、攻守强悍，在弗里克执教下的拜仁打出了海龙兴波式的整体进攻，给予对手摧毁性的打击。

弗里克率领拜仁在德甲联赛开始不断攀升。2020 年 3 月，因为新冠疫情原因，很多

赛事被迫延期。2020 年 5 月 18 日，德甲联赛率先复赛。在重新开启的 9 轮联赛里，拜仁用全胜战绩问鼎德甲联赛冠军，豪取德甲八连冠。

　　拜仁在欧冠赛场更是所向披靡，2019 年 10 月 2 日，拜仁以 7 比 2 血洗热刺，格纳布里上演堪称神迹的欧冠"大四喜"。11 月 27 日，拜仁对阵贝尔格莱德红星，莱万将"大四喜"神迹再度升华，14 分钟内四度破门，创造独中四元的（欧冠）用时最短纪录。

　　2020 年 8 月，欧冠经历疫情停摆后重燃战火，拜仁在 1/4 决赛中，以 8 比 2 击溃了梅西领衔的巴萨。随后拜仁又以 3 比 0 轻取里昂，进军欧冠决赛。

　　欧冠决赛，拜仁以 1 比 0 战胜巴黎圣日耳曼，夺得欧冠奖杯，再一次登上欧罗巴之巅。拜仁以（11 场 11 胜）全胜的战绩夺冠，进 43 球、仅失 8 球。自此，拜仁又将德甲、德国杯、欧冠三个冠军再拿一遍，再一次复制了 7 年前"三冠王"传奇。

　　莱万在 2019/2020 赛季的欧冠赛场打进 15 球，成为继克鲁伊夫之后，历史上第二位将欧冠、国内联赛和杯赛金靴全部囊括的球员。

　　不在辉煌中迷失，不在低谷的沉沦。从贝肯鲍尔、盖德·穆勒、赫内斯、鲁梅尼格，再到曼努埃尔·诺伊尔、托马斯·穆勒、莱万、基米希，一代代拜仁球员都在用胜利来诠释着"Mia San Mia"的精神。现在的拜仁如日中天，这位秉承着德意志足球风骨与精髓的德甲巨人，正在营造一个令人望峰熄心的王者国度。

代表拜仁慕尼黑出场

307

代表拜仁慕尼黑进球

266

莱万多夫斯基

拜仁王牌射手

ROBERT LE WANDOWSKI

强壮、敏锐、迅捷、睿智，加上精通所有射门技巧，莱万堪称现代前锋的上限模板。

莱万曾创造 9 分钟 5 球的神迹，并连续三年蝉联德甲最佳射手，还是德甲进球最多的外籍球员，球场上的莱万随时能掀起进球风暴。诚然，"南部之星"历史上从来不乏传奇射手：盖德·穆勒、克林斯曼、克洛泽，但莱万就是拜仁射手天团中的"万王之王"，2020 年，莱万能力压 C 罗、梅西荣膺世界足球先生，就印证了这一点。

代表拜仁慕尼黑出场

584

代表拜仁慕尼黑进球

75

贝肯鲍尔

拜仁传奇巨星

FRANZ BECKENBAUER

　　贝肯鲍尔将"自由人"推上了王者的高度，成为球场上的皇帝，也是天生的赢家。他作为队长与教练分别率领德国队夺得世界杯。贝肯鲍尔也率领拜仁横扫欧罗巴，三次捧起欧冠奖杯。作为第一位夺得金球奖的后卫，贝肯鲍尔也成为拜仁永恒的恺撒大帝。

　　作为拜仁与德国队的双料队长，拉姆是驱动德意志战车的最佳人选，他那瘦小躯体里边有一颗王者雄心。他在安联球场不知疲倦地奔跑了 16 载，如精灵般飞舞、如劲草般坚韧，拉姆率领拜仁成就过"三冠王"伟业，也率领德国队夺得过阔别 24 载的世界冠军。

代表拜仁慕尼黑出场

517

代表拜仁慕尼黑进球

16

拉姆

拜仁传奇巨星

PHILIPP LAHM

拜仁慕尼黑经典组合 / 罗贝里

罗本 + 里贝里

当罗本与里贝里同时在场，那就是拜仁过去十年间最美好的模样。"罗贝里"早已超越了巨星组合的简单定义，他们是一个时代的象征，是一种默契与友情的代名词。

从 2009 年"小飞侠"罗本降临安联球场，到 2019 年两人同时宣布离开。十年里，"罗贝里"用无数经典的边路配合和不胜枚举的团队荣誉，为世界足坛谱写了一曲最动人的"双翼凯歌"。

没有眼花缭乱的过人技巧，没有石破天惊的逆天射术，罗本与里贝里的球风永远都像他们的外形一样朴实，但这丝毫不影响他们在球场上不可阻挡的杀伤力。一如球迷们津津乐道的那句玩笑："当罗本与里贝里出现在防守人面前时，你明知他要内切，但你却毫无办法。"

二人搭档十年，8 夺德甲联赛冠军、6 夺德国杯冠军、8 夺德国超级杯冠军、1 次欧冠联赛冠军、1 次欧洲超级杯冠军、1 次世俱杯冠军，"罗贝里"组合实现了俱乐部荣誉的大满贯。其中，从 2013 年开始，他们更是带领拜仁实现了德甲七连冠的霸业。

2009/2010 赛季，他们在首个合作的年份里就率队夺得国内"双冠王"；2018/2019 赛季，他们在联手告别的岁月里又一次带队双冠加冕。十年之约，就是冠军之约，翱翔在右路的"小飞侠"罗本和驰骋在左路的"刀疤侠"里贝里，在转身离去的时候，一切亦如当年。

拜仁慕尼黑经典组合 / "豆腐脑"组合
托马斯·穆勒 + 莱万多夫斯基

　　莱万堪称当世第一神锋，恐怖的效率和高产的进球，让他成为当之无愧的德甲锋霸。而作为他的搭档，托马斯·穆勒则一直都是大场面先生，且"穆二娃"穆勒性格活跃，是队内活宝。拜仁球迷为这对组合起了一个颇具东方喜感的名称——"豆腐脑"。

　　不过两人的搭档表现却并不像豆腐脑这般稀碎，实际上，自 2014 年莱万从多特蒙德转会至拜仁以来，他在前场的表现始终没有让俱乐部失望过，除了首个赛季仅仅打进 17 球外，此后他每个赛季稳定贡献 22 球以上的输出，其中有三个赛季更是联赛进球破 30。从 2018 年开始，莱万已经连续雄霸德甲最佳射手三载，无愧锋霸之名。

　　2020 年 4 月，拜仁与穆勒续约至 2023 年，他已然成为球队的新旗帜。不出意外，"豆腐脑"组合仍将继续联袂为拜仁带来更多的冠军奖杯。

拜仁慕尼黑经典组合 / 高速轰炸机
盖德·穆勒 + 赫内斯

　　在 20 世纪 70 年代那支盛极一时的拜仁阵中，除了"足球皇帝"贝肯鲍尔之外，有两个人的名字不得不提。他们就是有着"轰炸机"之称的盖德·穆勒和快马乌利·赫内斯。

　　从 1970 年开始，穆勒与赫内斯搭档锋线长达 9 年之久，在整个 20 世纪 70 年代，两人与贝肯鲍尔一道，率领拜仁慕尼黑连续三次夺得德甲冠军，并完成欧冠三连冠的伟业。盖德·穆勒有着恐怖的进球效率，其中在 1971/1972 赛季，穆勒出场 48 场轰入 67 球，创下欧洲联赛单赛季进球纪录。

1972/1973 赛季，穆勒与赫内斯联手打进 53 球，创造德甲单赛季锋线组合进球纪录，其中穆勒单赛季 40 球的德甲进球纪录至今都无人能打破。

　　作为搭档，赫内斯虽然不及穆勒高产，但同样是位出色的攻击手，拜仁在德甲联赛三连冠期间，赫内斯每个赛季都有 13 球以上的输送，当他与穆勒同时出现在前场，对于任何对手而言，都是一场挥之不去的梦魇。1979 年，两人同时离开拜仁，结束长达多年的合作。

拜仁慕尼黑最佳阵容
BAYERN MÜNCHEN

拜仁慕尼黑是德国足球的老大，从不缺乏实力派球星，每个时期，球队都拥有一套黄金阵容，也因此有"绿荫好莱坞"的称号，而且各个时期的德国国家队的主力阵容班底，也自然少不了拜仁的球员。

门将 / GK
奥利弗·卡恩

"狮王"卡恩为拜仁效力14年，随队共赢得22座冠军奖杯。他曾创造过1012分钟德甲和欧冠的德国门将不失球纪录。作为德国与拜仁的双料传奇门将，卡恩的斗志与领袖精神更令人激赏。

左后卫 / DL
保罗·布莱特纳

布莱特纳球风强悍，擅长奔跑和强力远射，他在绿茵场上是位不折不扣的斗士。作为一名后卫，布莱特纳还拥有惊人的进攻能力，他效力拜仁9个赛季，共出场255场，打进83球。

自由人 / SW
弗朗茨·贝肯鲍尔

"足球皇帝"贝肯鲍尔不仅是拜仁，也是世界足坛的一代宗师，他开创了"自由人"战术，成为攻守两端的核心，区域覆盖全场，诠释了"后防线上的10号"。他为拜仁效力了584场，进球75球。

右中卫 / DC
格奥尔格·施瓦岑贝克

"皇帝侍卫"施瓦岑贝克是贝肯鲍尔的最佳搭档，有他在后场保护，"皇帝"可以无顾忌地参与进攻。他的职业生涯都在拜仁度过，在效力的15年里，出战554场，收获12座冠军奖杯。

右后卫 / DR
菲利普·拉姆

拉姆身材矮小，但速度快、技术强，足球智商超群的他成为拜仁与德国队最好的边后卫。拉姆19岁就为拜仁效力，曾经率队缔造过三冠王的辉煌，也是继卡恩之后最出色的队长。

左边锋 / AML
弗兰克·里贝里

作为球迷心中的"安联国王"，里贝里视野开阔、突破犀利、斗志昂扬，成为冲杀在安联球场左路的"刀疤侠"。从2007年到2019年，里贝里为拜仁出战425场，打进124球，随队赢得23个冠军。

中前卫 / MC
洛塔尔·马特乌斯

马特乌斯是德国足坛的非凡帅才，曾率领德国队夺得世界杯，并先后两次效力拜仁，随队拿到7次德甲冠军和8次杯赛冠军。他司职中场、球风全面、擅于插上助攻，是一部满场飞奔的"永动机"。

中前卫/MC
斯特凡·埃芬博格

勇猛无畏、强悍张扬，绰号"老虎"的埃芬博格堪称拜仁的旗帜。1990年，22岁的埃芬博格就为拜仁效力。1998年他又再次加盟拜仁，并率领球队获得德甲三连冠，以及1次欧冠冠军。

右边锋/AMR
阿尔杰·罗本

罗本为拜仁奉献了10年黄金岁月，他在右路的迷踪突破、高速内切、劲爆射门，成为球队取胜的利器。他为拜仁打进144球，并在欧冠决赛中绝杀多特蒙德，让拜仁登上欧洲之巅。

中锋/CF
罗伯特·莱万多夫斯基

9分钟内连进5球，莱万凭此一战坐稳当今足坛中锋的头把交椅。他精通各种射门，策应、助攻更是拿手好戏。2014年莱万加入拜仁至今，已经打进266球，排在队史射手榜次席。

前锋/ST
盖德·穆勒

"轰炸机"盖德·穆勒就是一部高效而又强大的射门机器。他为效力拜仁15个赛季，在780场比赛打进724球，其中365粒德甲进球纪录保持至今，此外他还率领拜仁获得欧冠三连冠。

阵形 4-4-2

罗伯特·莱万多夫斯基　盖德·穆勒

弗兰克·里贝里　　　　阿尔杰·罗本

洛塔尔·马特乌斯　斯特凡·埃芬博格

保罗·布莱特纳　　　　菲利普·拉姆

弗朗茨·贝肯鲍尔　　汉斯·格奥尔格·施瓦岑贝克

奥利弗·卡恩

● 1987—1991年、2011—2013年、2017—2018年执教拜仁 353 场 232 胜 63 平 58 负

拜仁最佳教练

约瑟夫·海因克斯

海因克斯最大的成功是构建了一套非常严密的防守体系，很好地分配中前场球员的防守职责，让球队一边压迫，一边骚扰，而又一边退防，使得对手很难打成快速反击。而球队进攻则是立体而多元化，不仅有边路爆破、中路抢点，还有远射得分。

多特蒙德档案

● 多特蒙德足球俱乐部
Ballspiel-Verein Borussia 1909 e.V.Dortmund
● 绰号：大黄蜂
● 所在地区：德国北威州多特蒙德市
● 成立时间：1909 年 12 月 19 日
● 主场：西格纳尔·伊杜纳公园球场
● 队歌：《你永远不会独行》
● 球场名称：西格纳伊度纳公园球场
● 德比对手：拜仁慕尼黑（国家德比）、
　　　　　　沙尔克 04（鲁尔区德比）

大黄蜂

多特蒙德

BORUSSIA DORTMUND

自鲁尔科普夫山北麓诞生，千百年来鲁尔河在这里静静流淌，最终投入莱茵河的怀抱。当河流经过北莱茵·威斯特法伦州鲁尔区的多特蒙德时，清澈的河水泛起黄黑色，并伴随着那炙热而又持久的呐喊，因为这里是"大黄蜂"所在的城市。

多特蒙德是青年才俊们成长的最佳摇篮，历史上"后浪"层出不穷。沙欣、格策、香川真司、莱万等都是在这里成名立万，虽然他们都被其他豪强悉数挖走，但"大黄蜂"的造星能力十分强大，如今桑乔、哈兰德、贝林厄姆雷、雷纳等"00后"新星集体涌现，掀起遮天蔽日的青春风暴，令世界为之惊艳。

1909 年 12 月 19 日，就在多特蒙德成为鲁尔区最大和最重要工业城市时，当地一群年轻人由于不满在当地宗教人员严格监督下踢球，决定成立自己的足球俱乐部。

他们约定在多特蒙德市的祖姆·威尔德舒茨酒吧见面，由于这次见面事先对于建队事宜毫无准备，于是当他们看到墙上"Borussia Brauerei"（普鲁士啤酒）的标志时，便决定俱乐部的名字为"Borussia（普鲁士）"。于是 Ballspiel-Verein Borussia Dortmund 09（多特蒙德普鲁士 09 球类运动俱乐部）就这样"随机"诞生了，而"BVB"的简称不仅清晰出现在当时的队徽中，甚至一直沿用到今天。

根据最初规定，俱乐部球衣颜色为蓝白相间并带有红色绶带以及黑色短裤。1910 年 12 月初，俱乐部的足球运动员被接纳为会员。1911 年 1 月起，多特蒙德俱乐部开始参加正式足球比赛，球队的第一场比赛（友谊赛）是 1911 年 1 月 15 日，以 9 比 3 击败多特蒙德 VFB Ⅱ队。

多特蒙德欧冠冠军榜

冠军数	夺冠年份
1次	1996/1997

多特蒙德德甲冠军榜

冠军数	夺冠年份
8次	1956、1957、1963、1994/1995、1995/1996、2001/2002、2010/2011、2011/2012

●注：1956年、1957年和1963年为德国全国锦标赛

多特蒙德历史总出场榜

球员	位置	总出场
迈克尔·佐尔克	中场	572场
罗曼·魏登费勒	门将	453场
斯特凡·鲁伊特	后卫	421场
拉尔斯·里肯	中场	412场
德德	后卫	398场
马茨·胡梅尔斯	后卫	377场
塞巴斯蒂安·凯尔	中场	362场
昆特·库托夫斯基	后卫	345场
斯特凡·克洛斯	门将	339场
阿尔弗雷德·施密特	中场	326场

多特蒙德历史总射手榜

球员	国籍	总进球
阿尔弗雷德·普雷斯勒	德国	175球
迈克尔·佐尔克	德国	159球
曼弗雷德·伯格斯穆勒	德国	158球
洛萨·艾默里奇	德国	148球
蒂莫·科涅茨卡	德国	142球
皮埃尔·奥巴梅扬	加蓬	141球
尤尔根·舒茨	德国	140球
马尔科·罗伊斯	德国	133球
阿尔弗雷德·尼皮克洛	德国	125球
斯特凡纳·查普伊萨	瑞士	123球

多特蒙德荣誉榜

01 一届欧冠联赛冠军

01 一届欧洲优胜者杯冠军

05 五届德甲联赛冠军

03 三届德国杯冠军

07 七届德国超级杯冠军

01 一届洲际杯冠军

西格纳尔·伊杜纳公园球场

多特蒙德的这个主场原名威斯特法伦球场，从 2005 年 12 月到 2021 年 6 月之间，冠名为西格纳尔·伊杜纳公园球场。它是德国最大的球场（可容纳 83000 人），其中最著名的南看台也是欧洲最大的站席看台（可容纳 25000 人）。

由于球迷大多出身于工人阶级，性格豪爽、奔放热烈，他们在看台营造的黄黑色波浪，成为最震撼的视觉冲击力，因此被称为"魔鬼球场"。

　　1913 年，当地三家俱乐部合并成多特蒙德俱乐部，改穿柠檬黄颜色的球衣，并沿用至今。随后经历数年发展，多特蒙德在 20 世纪 20 年代开始崭露头角，在 20 世纪 30 年代成为鲁尔区最具号召力的球队，也在此时，"鲁尔德比"诞生了。

　　盖尔森基兴是德国大工业时期的重要采煤中心，1904 年成立于盖尔森基兴的沙尔克 04 拥有纯正的鲁尔煤矿工人血统，他们认为只有煤炭才是鲁尔区象征，所以对新兴的贸易中心——多特蒙德市并不待见。因为同属鲁尔区，两队便有了"鲁尔德比"。1925 年，沙尔克 04 以 4 比 2 击败多特蒙德，拿下历史上首场"鲁尔德比"的胜利。

　　1943 年，多特蒙德终于以 1 比 0 首次击败沙尔克 04，终结了 18 年"鲁尔德比"不胜的尴尬纪录，逐步成为鲁尔区的新霸主。1947 年，多特蒙德首次赢得地区联赛冠军，1949 年打进德国锦标赛的决赛。经过多年的不懈努力，多特蒙德终于在 1956 年 6 月 24 日首次夺得德国锦标赛冠军（决赛以 4 比 2 击败卡尔斯鲁厄）。次年，他们又成功卫冕，并在 1957 年当选为年度德国最佳球队。

　　1963 年，卷土重来的多特蒙德闯入德国锦标赛和德国杯两项赛事的决赛，并在德国锦标赛中以 3 比 1 战胜科隆，夺得队史第三座全国冠军。1962 年 7 月 28 日，德国足球职业联赛正式成立，多特蒙德成为德甲 16 支创始球队之一。

　　那时的多特蒙德可谓如日中天，1965 年 5 月 22 日，他们首次赢得德国杯冠军；

1966年2月26日，多特蒙德主场以7比0狂胜沙尔克04（"鲁尔德比"历史最大胜利）；1965/1966赛季，多特蒙德先后击败国际米兰、利物浦等劲旅，赢得欧洲优胜者杯冠军，这也是德国球队首次染指洲际大赛冠军。

然而盛极则衰，多特蒙德未能挽留功勋教练威利·穆尔塔普，还出售多名主力，导致战斗力急转直下，最终在1972年跌入德乙联赛。在此期间，多特蒙德借助1974年在德国举办世界杯的契机，耗资3200万马克建成可容纳54000名观众的新球场，这便是当今欧洲最恐怖的威斯特法伦球场。

1976年多特蒙德终于重返德甲赛场，不过长时间难以摆脱财政危机，直至莱因哈德·劳巴尔（前德甲足协主席）和盖德·涅博姆于1984年入主俱乐部，才有明显好转。

1989年，多特蒙德以4比1击败不来梅后夺得德国杯冠军，俱乐部时隔23年后终于再次尝到冠军的滋味。他们又以4比3

击败上届德甲联赛冠军拜仁而夺得德国超级杯。

深谙经营的涅博姆抓住德国队赢得1990年世界杯冠军的契机，推动俱乐部实现了进一步发展，先后购入安德烈斯·穆勒、朱里奥·塞萨尔、尤尔根·科勒、马蒂亚斯·萨默尔等才俊。最重要的是，他把主教练奥特马尔·希斯菲尔德带到了多特蒙德。

在希斯菲尔德的带领下，多特蒙德的黄金时期在20世纪90年代终于来临。他们于1995年和1996年连续夺得德甲冠军沙拉盘，两次赢得德国超级杯，并为德甲贡献又一位欧洲金球奖得主萨默尔。此时，多特蒙德已不满足于在国内称霸。

1997年欧冠联赛上，拥有萨默尔、安德烈斯·穆勒、保罗·索萨和查普伊萨特等球星的多特蒙德在决赛中凭里德尔的"梅开二度"以及青训小将拉尔斯·里肯的进球，以3比1击败拥有迪迪埃·德尚、齐达内、詹卢卡·维亚利和皮耶罗的意甲豪门尤文图斯，队史首次登上欧洲之巅。

此后，多特蒙德又在1997年年底的丰田杯上以2比0战胜来自巴西的克鲁塞罗，成为天下霸主。

就在多特蒙德赢得欧洲冠军杯桂冠时，死敌沙尔克04也在该赛季赢得了联盟杯冠军，这让鲁尔区一度成为世界足坛的焦点。

显然，这两支新科欧洲冠军互不服气，因此在该年年底的"鲁尔德比"补时阶段，沙尔克门将延斯·莱曼冲进多特蒙德禁区头球破门而奇迹般绝平比分，这让两队的恩怨被彻底点爆。

随着多特蒙德的崛起，与德甲"班霸"拜仁的对决渐渐被冠以"德国德比"。1997年夏天，多特蒙德的功勋主帅希斯菲尔德被拜仁挖走，从此两队结下更深的梁子。内维奥·斯卡拉接过教鞭后，率领多特蒙德在欧冠1/4决赛，凭借查普伊萨特的绝杀球淘汰拜仁，开启复仇的大幕。

此后几年，多特蒙德人员流失严重，失去了即战力，即便如此，"大黄蜂"在面对德甲"霸主"拜仁时却从不示弱。

2000/2001赛季，德甲第28轮上演"德国德比"，当值主裁一共出示14张黄牌和3张红牌，刷新了德甲的出牌纪录。

2000年7月，多特蒙德请来萨默尔执教，并用创德国足球转会费纪录的2500万欧元招募来马西奥·阿莫鲁索。

虽然多特蒙德在2002年如愿再度赢得德甲联赛冠军，但是球队管理层挥霍无度引进大牌球星，加之德甲转播方基尔希集团的破产，俱乐部累计欠下

了2亿欧元债务，2005年时甚至到了破产边缘，不得不依靠清洗球员而勉强度日。

2006年，世界杯来到德国，威斯特法伦球场完成现代化改建后，让国内比赛坐席及立席可容纳82932人。尽管球场名称在商业化浪潮中被"伊杜纳信号公园"冠名而取代，但是威斯特法伦永远是"大黄蜂"球迷的心灵归宿。每逢多特蒙德比赛，球迷从四面八方汇聚到球场，高耸入云的支架像是刺破青天锷未残的利剑，为球队助威呐喊。

2008年5月，多特蒙德请来了新主帅——尤尔根·克洛普，一位充满个性、激情狂放并深谙现代足球之道的技战术大师，他率领"大黄蜂"去挑战拜仁的德甲霸权。

克洛普注重青训、善于引援，渐渐汇集并培养了一群出色的年轻人，进而在德甲赛场开始上演了"渣式摇滚足球"。2011年2月，多特蒙德完成了近20年来首次在客场击败拜仁的重任后，随即以摧枯拉朽之势赢得德甲联赛冠军。第二个赛季，多特蒙德不仅卫冕成功，还在德国杯决赛以5比2再次痛击拜仁完成"双冠王"。

2012/2013赛季，多特蒙德在克洛普麾下到达巅峰，可惜在欧冠决赛不敌拜仁而屈居亚军。多特蒙德崛起在望，然而，随着财政状况不断恶化，球队无法留住队内冉冉升起的一众新星，香川真司、马里奥·格策、罗伯特·莱万多夫斯基等球员相继离队。而迎

来"七年之痒"的克洛普则在 2015 年选择离队。

克洛普离任之后，多特蒙德高层选择同样激情四射的少帅托马斯·图赫尔接过教鞭，并延续球队年轻化道路，再度打造出一支"青年军"。

在图赫尔的带领下，多特蒙德于 2016/2017 赛季重返欧冠赛场，却不幸遇到大巴爆炸事件而在欧冠 1/4 决赛中折戟。从恐惧中走出来的多特蒙德将士迅速恢复强者本色，以 2 比 1 击败法兰克福，夺取德国杯冠军。

2019/2020 赛季，"大黄蜂"再次掀起青春风暴，杰登·桑乔、埃尔林·哈兰德、乔万尼·雷纳等"00后"新生代已经崛起。

哈兰德在为多特蒙德出战的 32 场比赛中打进 33 球。这位 20 岁的挪威少年高大强壮、射术精湛，有着傲视同侪的天赋与才华，已展现出接班梅西、C 罗的球王特质。

随着 16 岁零 28 天的优素法·穆科科创造德甲最年轻的球员进球纪录，多特蒙德将青春风暴演绎到极致。生生不息，新人辈出，"大黄蜂"虽然屡次遭遇球星流失，但凭借无与伦比的自身造星修复，始终跻身欧洲豪强。

罗伊斯

多特蒙德王牌射手

MARCO
REUS

他是"大黄蜂"最希望执手终老的球员,当金钱攻势席卷世界足坛时,罗伊斯却选择坚守在多特蒙德。

如果没有伤病,他应该是以光速崛起的"小火箭",球风飘逸、相貌英俊,罗伊斯是多特球迷的宠儿,而两届德国足球先生、4个冠军头衔,还不足以描述他的卓越,他就是威斯特法伦球场的守护神。

代表多特蒙德出场
286

代表多特蒙德进球
133

萨默尔

多特蒙德传奇巨星

MATTHIAS SAMMER

代表多特蒙德出场

156

代表多特蒙德进球

23

　　萨默尔沉稳老练、算无遗策，他是继贝肯鲍尔之后第二位荣膺欧洲金球奖的后卫球员，也是德国最出色的"自由人"之一。

　　六年的多特蒙德生涯里，萨默尔率队赢得两座德甲联赛冠军、一次欧冠冠军和两次欧洲超级杯冠军。

多特蒙德经典组合 / 罗伊策
罗伊斯 + 格策

马尔科·罗伊斯和马里奥·格策，一个是外形帅气、球技精湛的绿茵男模；一个是天赋异禀、年少成名的"金童"。他们原本拥有不可限量的未来，但最终留给世人的只是浮华一梦。

2012 年，23 岁的罗伊斯从门兴格拉德巴赫回到多特蒙德，凭借出众的外表和不俗的实力，迅速赢得了"大黄蜂"球迷的喜爱，在香川真司离队之后，他是无可争议的球队核心。与此同时，20 岁的金童格策也开始在多特的进攻体系中扮演越来越重要的角色。"罗伊策"组合，在搭档的首个赛季中就在联赛打进 22 球，送出 18 次助攻，并收获德甲联赛和欧冠联赛双亚军的不俗成绩。

正当球迷们认为这对"双子星"将率领"大黄蜂"掀翻拜仁统治的时候，格策加盟的正是在两个月前击败了自己的拜仁。只可惜，野心勃勃的格策并未在拜仁打出一片天，2016 年夏天，多特蒙德召回了郁郁不得志的格策，使得"罗伊策"组合，重现江湖。

重返威斯特法伦球场的格策再也不是当年的宠儿，2014 年世界杯决赛上一球成名似乎用光了他一生的运气，在随后的三个赛季中，由于身体原因，他的表现乏善可陈，在 2020 年，合同期满的格策以自由身离开球队，而罗伊斯仍然是那个苦苦支撑着"大黄蜂"的当家队长。

多特蒙德经典组合 / 一高一快
科勒 + 埃韦顿

身高 202 厘米和 173 厘米的球员搭档锋线，会产生怎样的化学反应？如果仅凭常识判断，这必然是对不协调的组合。然而捷克人扬·科勒和巴西人埃韦顿用实际表现告诉大伙儿，一高一快的配对，也可以威震八方，叱咤赛场。

2001 年夏天，扬·科勒从比利时安德莱赫特转会多特蒙德，2002 年初埃韦顿则从巴西科林蒂安来到威斯特法伦。两人一前一后聚首德甲，从此开始了一高一快的经典搭档史。在功勋主帅萨默尔的执教下，多特蒙德在 2001/2002 赛季重回德甲第一梯队，身材高大的扬·科勒在 33 场联赛中打入 11 球，而以速度见长的巴西前锋埃韦顿则在 27 场攻入 10 球。这对另类锋线组合，在聚首后的首个赛季，便率队夺冠。

此后，两人都保持着不俗的竞技状态，每个赛季都稳定贡献 10 粒以上的进球，其中 2003/2004 赛季，两人都在德甲联赛中攻入 16 球，状态火爆。2005 年随着埃韦顿转会西甲萨拉戈萨，多特蒙德一高一快的经典锋线组合就此解体，一年后，扬·科勒也远走摩纳哥，属于他们的时代也画上了句点。

多特蒙德最佳阵容
DORTMUND

多特蒙德没有像其他豪门那样招揽太多巨星，队史唯一获得欧洲金球奖的球员也只有萨默尔一人，但多特蒙德善于挖掘和培养青年才俊，因此拥有很多实力不凡的年轻球星。

门将 / GK
罗曼·魏登费勒

2002年魏登费勒来到威斯特法伦球场，开始了16年的多特蒙德时光。他出场453场，随队获得2011/2012赛季的"双冠王"。作为德国一流门将，魏登费勒的门前扑救和临场指挥能力都堪称顶级。

左后卫 / DL
德德

德德助攻锐利果断、防守坚韧凶悍，成为许多顶级前锋的噩梦。从1998年到2011年，他镇守球队左路长达13年，共出战398场，打进13球，并入选多特蒙德世纪最佳阵容。

中后卫 / DC
马茨·胡梅尔斯

身材高大、攻守兼备，头球与长传功夫都极其精湛，2008年胡梅尔斯来到多特蒙德，帮助球队获得2次德甲冠军、1次德国杯冠军和3次德国超级杯冠军，并在此成长为当今最好的中卫之一。

自由人 / SW
马蒂亚斯·萨默尔

萨默尔是续贝肯鲍尔之后德国足坛最好的清道夫，也是唯一获得欧洲金球奖的多特蒙德球员他为球队效力5年，出场153场，率领球队获得2次德甲联赛冠军和1次欧冠联赛冠军。

中后卫 / DC
尤尔根·科勒尔

体能充沛、球风强悍，因为如影随形的盯人防守，而被冠以"铁橡皮膏"的绰号。他是20世纪90年代最好的后卫，效力"大黄蜂"7年，共为球队出战250次，打进18球。

右后卫 / DR
卢卡什·皮什切克

不知疲倦的奔跑，频频插上的助攻，皮什切克是欧洲最具进攻效率的边后卫之一。他镇守球队右路长达11年，出战372场，打进18球。随队两获联赛冠军和1次德国杯冠军。

中前卫 / MC
曼弗雷德·伯格斯穆勒

伯格斯穆勒效力多特蒙德7个赛季，共出场252场，打进158球。作为一名中场球员，他的进球效率堪比一流前锋，每个赛季他在德甲进球都不低于15粒，还曾打进27粒进球，名列射手榜次席。

中前卫 / MC
米歇尔·佐尔克

　　佐尔克在多特蒙德的历史地位无人能及。从1978年到1998年，佐尔克的整个球员生涯都在"大黄蜂"渡过。他为球队在572场，打进159球，总出场数排在历史第一，总进球数排在第二位。

左边锋 / AML
马尔科·罗伊斯

　　球风轻灵、传射俱佳、突破犀利、过人潇洒，而且英俊帅气，"小火箭"罗伊斯不仅是多特蒙德的招牌巨星，也是引领潮流的时尚偶像。他从2012年效力至今，出场267场，打进129球。

右边锋 / AMR
安德烈亚斯·穆勒

　　穆勒被誉为20世纪90年代最伟大的中场球员之一。他擅长高速突破，并以精准传球和远射著称，同时还是任意球高手。穆勒效力多特蒙德8个赛季，共出战301场，打进88球。

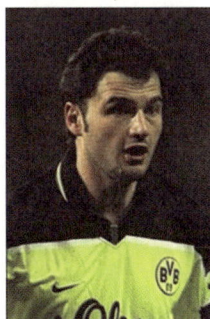

中锋 / CF
斯特凡尼·查普伊萨特

　　查普伊萨特是瑞士足球的象征，也是"大黄蜂"的骄傲。作为全能型中锋，他射术精湛、嗅觉敏锐。从1991年至1999年，他效力8年，共出场284场，打进123球。

斯特凡尼·查普伊萨特

马尔科·罗伊斯　　　　安德烈亚斯·穆勒

曼弗雷德·伯格斯穆勒　米歇尔·佐尔克

德德

马茨·胡梅尔斯　　卢卡什·皮什切克

尤尔根·科勒尔

马蒂亚斯·萨默尔

罗曼·魏登费勒

阵形 5-4-1

● 1991—1997年执教多特蒙德272场
144胜63平65负

多特蒙德最佳教练
奥特马尔·希斯菲尔德

　　希斯菲尔德执教拜仁与多特蒙德都取得了非凡的成就，他在"大黄蜂"迎来其光辉教练生涯的第一个高峰。希斯菲尔德曾以萨默尔、科勒和鲁伊特打造出强大的防守屏障，使得多特蒙德不仅打破拜仁对德甲冠军的垄断，还率领多特蒙德登上欧洲之巅，成为第二支获得欧冠冠军的德国球队。

LIGUE 1

法国甲级联赛
一极独大的法兰西足球

　　法国足球甲级联赛，简称法甲。联赛成立于 1932 年，有 20 支法国顶级足球俱乐部的球队参赛，进行主客场双循环的比赛。

　　法甲联赛历史最成功的是圣埃蒂安，获得 10 次联赛冠军，里昂则是连冠次数最多的球队（七连冠），马赛是法甲球队历史上唯一一个获得过欧冠冠军的球队。

　　近年来，巴黎圣日耳曼在法甲联赛中一枝独秀，8 年里 7 次获得法甲联赛冠军。

法甲联赛冠军榜（21 世纪）

冠军球队	赛季
南特	2000/2001
里昂	2001/2002
里昂	2002/2003
里昂	2003/2004
里昂	2004/2005
里昂	2005/2006
里昂	2006/2007
里昂	2007/2008
波尔多	2008/2009
马赛	2009/2010
里尔	2010/2011
蒙彼利埃	2011/2012
巴黎圣日耳曼	2012/2013
巴黎圣日耳曼	2013/2014
巴黎圣日耳曼	2014/2015
巴黎圣日耳曼	2015/2016
摩纳哥	2016/2017
巴黎圣日耳曼	2017/2018
巴黎圣日耳曼	2018/2019
巴黎圣日耳曼	2019/2020

〈法甲 20 强名单：2020/2021 赛季〉

洛里昂	昂热	波尔多	布雷斯特
第戎	梅斯	里尔	里昂
马赛	摩纳哥	蒙彼利埃	南特
尼斯	尼姆	巴黎圣日耳曼	兰斯
雷恩	圣埃蒂安	斯特拉斯堡	朗斯

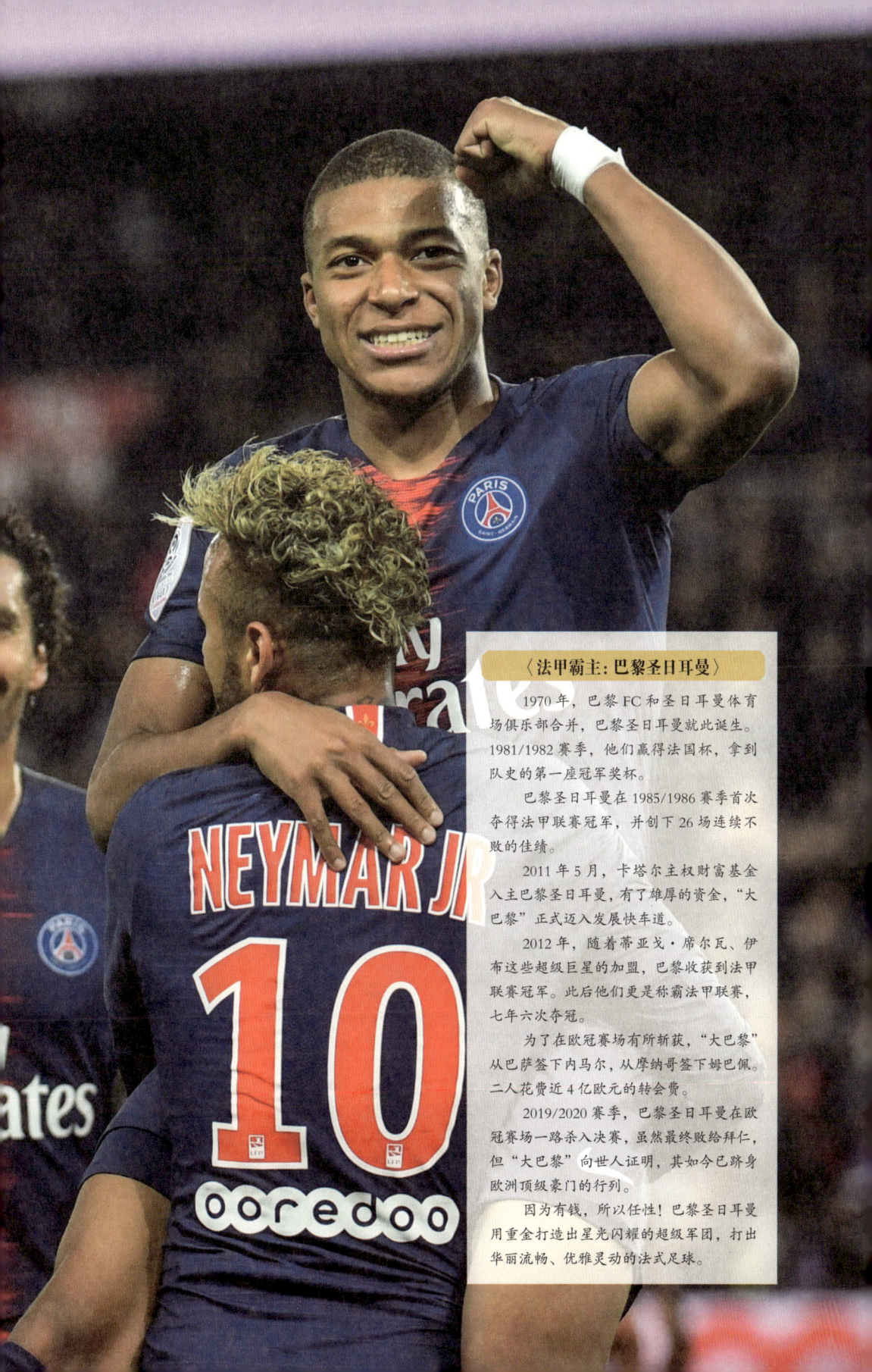

〈法甲霸主：巴黎圣日耳曼〉

1970 年，巴黎 FC 和圣日耳曼体育场俱乐部合并，巴黎圣日耳曼就此诞生。1981/1982 赛季，他们赢得法国杯，拿到队史的第一座冠军奖杯。

巴黎圣日耳曼在 1985/1986 赛季首次夺得法甲联赛冠军，并创下 26 场连续不败的佳绩。

2011 年 5 月，卡塔尔主权财富基金入主巴黎圣日耳曼，有了雄厚的资金，"大巴黎"正式迈入发展快车道。

2012 年，随着蒂亚戈·席尔瓦、伊布这些超级巨星的加盟，巴黎收获到法甲联赛冠军。此后他们更是称霸法甲联赛，七年六次夺冠。

为了在欧冠赛场有所斩获，"大巴黎"从巴萨签下内马尔，从摩纳哥签下姆巴佩。二人花费近 4 亿欧元的转会费。

2019/2020 赛季，巴黎圣日耳曼在欧冠赛场一路杀入决赛，虽然最终败给拜仁，但"大巴黎"向世人证明，其如今已跻身欧洲顶级豪门的行列。

因为有钱，所以任性！巴黎圣日耳曼用重金打造出星光闪耀的超级军团，打出华丽流畅、优雅灵动的法式足球。

荷兰甲级联赛
品质卓越的造星工厂

荷兰足球甲级联赛，简称荷甲，联赛成立于1956年，有18支球队进行主客场双循环比赛。荷兰足球传统三强是阿贾克斯、埃因霍温和费耶诺德，其中阿贾克斯无疑是最成功的。他们不仅是获得荷兰联赛冠军次数最多的球队（34次），也是唯一获得过欧冠的荷兰球队（4次）。

阿贾克斯也是世界足坛著名的造星工厂，培养出如克鲁伊夫、博格坎普、里杰卡尔德、范巴斯滕、克鲁伊维特、斯内德和弗兰基·德容等世界级球星。

〈荷甲18强名单：2020/2021赛季〉

阿贾克斯　PSV埃因霍温　费耶诺德　阿尔克马尔

乌德勒支　海伦芬　维特斯　格罗宁根

特温特　兹沃勒　阿尔梅罗大力神　海牙

蒂尔堡威廉二世　埃门　鹿特丹斯巴达　芬洛

瓦尔韦克　福图纳锡塔德

葡萄牙超级联赛
三强垄断的葡超足球盛宴

葡萄牙足球超级联赛，简称葡超。葡萄牙联赛于1938年创办，1999年改名葡萄牙甲级足球联赛，2002年葡萄牙成立超级联赛，甲级改为第二级别联赛。

葡萄牙足球超级联赛（含之前的葡甲）基本被本菲卡、波尔图和葡萄牙体育（里斯本竞技）三大球队所垄断。本菲卡获得37次联赛冠军，波尔图获得29次，葡萄牙体育则获得18次。此外，本菲卡和波尔图还分别获得过2次欧冠联赛冠军。

〈葡超18强名单：2020/2021赛季〉

波尔图　本菲卡　葡萄牙体育　布拉加

吉马良斯　法伦斯　马里迪莫　里奥阿维

博阿维斯塔　帕索斯费雷拉　比兰尼塞斯　国民队

圣克拉拉　莫雷伦斯　吉尔·维森特　通德拉

法马利康　波尔蒂芒人